Collection **guides marabout**

Afin de vous informer de toutes ses publications, **marabout** édite des catalogues où sont annoncés, régulièrement, les nombreux ouvrages qui vous intéressent. Vous pouvez les obtenir gracieusement auprès de votre libraire habituel.

© 1988 by Marabout, Alleur (Belgique).

Toute reproduction d'un extrait quelconque de ce livre par quelque procédé que ce soit, et notamment par photocopie ou microfilm est interdite sans autorisation écrite de l'éditeur.

Nathalie PACOUT

Le savoir-vivre aujourd'hui

SOMMAIRE

Introduction   7

Chapitre I: le savoir-vivre en couple   13

*Première rencontre, 14 / Naissance d'une idylle,
16 / La demande en mariage, 18 / Les fiançailles,
19 / Le mariage, 22 / La vie en appartement,
28 / La vie en maison individuelle, 30 /
Naissance du premier enfant, 31 / Le baptême, 33*

Chapitre II: l'éducation des enfants   37

*Premières leçons de bonne conduite, 38 /
L'hygiène, la propreté, 40 / A l'école, au lycée,
42 / La profession de foi, 44 / Vos enfants et vos
amis, 46 / Vos enfants au spectacle, 48 / La
télévision, 49 / La tenue des adolescents, 50*

Chapitre III: savoir recevoir et être reçu   53

*Les invitations, 54 / Bien mettre la table, 56 /
Où place-t-on qui?, 58 / L'accueil des invités, 59 /
L'apéritif, 61 / Bien se tenir à table, 63 / Les
aliments «à risques»..., 67 / On passe au salon ...,
73 / Les discussions, 75 / Les cocktails, les lunchs,
78 / Les soirées, 80 / Le jeu, 82 / Les
remerciements, 84*

Chapitre IV: les relations avec autrui   87

*Les cadeaux, les étrennes, 88 / La correspondance,
90 / Les cartes de visite, 95 / Le téléphone, 97 /*

Les formules verbales de politesse, 99 / Les enterrements, 101 / Si vous êtes victime d'un affront, 104 / Le personnel de maison, 105

Chapitre V: dans les lieux publics 107

Dans la rue, 108 / Dans les transports en commun, 110 / En voiture, 112 / Dans un établissement administratif, 114 / Dans une église (ou tout autre édifice religieux), 115 / Dans une salle de spectacle, 117 / Dans un musée, 119 / Dans une salle d'attente, 120 / Les animaux, 121

Chapitre VI: le milieu de travail 123

Le curriculum vitae, 124 / La première entrevue avec l'employeur, 126 / Le comportement général, 128 / Les relations avec les autres, 130 / Les repas d'affaires, 132 / Le langage, 133 / La correspondance, 136 / Donner sa démission, 138

Chapitre VII: le savoir-vivre en vacances et lors des loisirs 141

En week-end, 142 / La chasse, 144 / Pendant le voyage, 146 / En camping, 149 / Les clubs de vacances, 151 / Les vacances en location, 153 / A l'hôtel, 154 / Au restaurant, 156 / Les pourboires, 158 / A l'étranger, 161 / Les sports, 164

Chapitre VIII: savoir-vivre en « haute société » 169

Les présentations, 170 / Le salut, 172 / Comment appeler qui?, 174 / Les réceptions officielles, 177 / Les cérémonies officielles, 179 / La correspondance officielle, 180 / Les manquements au protocole, 182

Conclusion 183

INTRODUCTION

Le savoir-vivre est-il démodé? Certainement pas, car on le pratique tous les jours. Indispensable au bon équilibre entre les personnes, il se compose d'un certain nombre de règles précieuses à connaître, qui vous ouvriront toutes les portes.

Grâce à ce guide, vous pourrez, sans hésiter, affronter absolument toutes les situations, vous glisser dans tous les milieux, être à l'aise partout, sans fausses notes.

Le savoir-vivre deviendra donc très vite pour vous une seconde nature: vous l'appliquerez chaque jour automatiquement, sans même vous en apercevoir, et vous verrez que c'est la base de l'existence!

Le savoir-vivre est en perpétuel mouvement: d'une part, à cause de l'évolution des moeurs et d'autre part, à cause des progrès de la science et des impératifs économiques qui nous amènent à voyager de plus en plus et à nous confronter à des usages qui ne sont pas les nôtres. Toutefois, dans les pays européens, de nombreuses bases historiques communes créent entre eux une unité de la tradition de courtoisie.

Pourquoi? Parce que, depuis toujours, des influences communes ont bercé leur histoire. Elles sont d'origines variées.

8 / *Le savoir-vivre au quotidien*

D'abord, la civilisation grecque, qui a apporté la souplesse et le sens des proportions typiques des Méditerranéens. Puis, la civilisation romaine, avec ses lois et son sens de la hiérarchie. Les influences chrétiennes, qui sont à l'origine de notre chère devise : liberté, égalité et fraternité. Le Moyen Age et la Renaissance, qui ont eu un rôle capital car ils ont placé les femmes au centre de la vie mondaine et ont instauré envers elles tous les égards, dont il reste encore quelques traces aujourd'hui... Enfin, et surtout, les XVIIème et XVIIIème siècles, où la Cour de France était un modèle de courtoisie pour toute l'Europe.

« La monarchie a produit la Cour qui a produit la société polie », a dit Taine. N'oublions pas qu'en 1744, sous Louis XIV, 10.000 personnes (domestiques compris) vivaient en permanence au château de Versailles. L'équivalent d'une ville comme Foix ou Dinard ! La politesse et la courtoisie, en plus d'être très à la mode, étaient indispensables. Sans elles, imaginez le résultat ! Evidemment, on pouvait assister parfois à quelques excès, comme par exemple « le lever du roi », dont l'organisation très structurée frisait le ridicule, mais qu'importe, rien n'était trop grandiose pour la plus fastueuse Cour du monde !

Ensuite, tout s'est dégradé très vite. La Révolution a balayé tout cela, le vernis a craqué, et les relations entre les gens ont gagné en franchise, spontanéité et sincérité. L'Empire et la cour napoléonienne ont restauré une nouvelle « bonne société », mais sans commune mesure avec ce qui se passait les siècles précédents. Plus tard, en 1871, même la Commune n'a pas réussi à ébranler les règles de bienséance de la bourgeoisie.

Ce n'est qu'à la Première Guerre mondiale que les choses ont vraiment évolué, à cause de l'extrême promiscuité où se sont retrouvés des millions de soldats

Introduction / 9

de tous les milieux, dans la même boue et les mêmes horreurs. Cette fois, plus rien ne pouvait recommencer comme avant et le code des usages entre les hommes s'est reconstruit ensuite sur des bases plus saines, qui ont encore cours aujourd'hui.

Comme le montre l'Histoire, le savoir-vivre est la façon dont se comportent les personnes et les gouvernements les uns par rapport aux autres. Il est d'autant mieux accepté et appliqué dans la vie quotidienne qu'il n'est le résultat d'aucune loi écrite: il est le simple produit du consentement mutuel, entre tout le monde, de s'entendre le mieux possible. On est obligé de vivre parmi les autres, à moins d'opter pour l'île déserte...

Mais le savoir-vivre a toujours eu une fonction beaucoup plus importante, bien que moins évidente, que la simple courtoisie: c'est de neutraliser la présence physique de l'autre, d'annuler son agressivité. Par exemple, dans la rue, si quelqu'un vous bouscule violemment sans s'excuser, les injures vous viennent immédiatement sur les lèvres et la violence n'est pas loin... En revanche, si la personne en question vous demande pardon, vous bougonnez un «je vous en prie» de plus ou moins bon coeur, mais l'incident est clos.

De même, dans certains milieux, notamment ceux de la haute diplomatie, si on transgresse les usages bien établis, rien ne va plus. On a tous en mémoire l'horrible méprise du protocole qui a invité l'Ambassadeur d'Iran aux traditionnels voeux du jour de l'an à l'Elysée, malgré le «froid» diplomatique qui règne entre la France et ce pays. Sans sourciller, François Mitterrand est passé devant lui, ignorant totalement sa présence, comme s'il n'existait pas. Cette «erreur» n'a heureusement pas eu de fâcheuses conséquences, mais combien d'incidents diplomatiques, parfois graves, ont résulté d'entraves au protocole.

Dans la vie quotidienne, la portée de ce genre de « gaffes » est évidemment moins dramatique, mais n'avez-vous jamais été témoin de brouilles entre amis ou membres de la même famille parce qu'on n'a pas remercié après avoir été invité ou qu'on a oublié d'envoyer ses voeux ?

Mais si le savoir-vivre est indispensable au bon équilibre des rapports entre les gens, tout bon savoir-vivre commence par soi-même : soi avec soi, seul face à son miroir et à ses pensées. On peut toujours se dire que lorqu'on est seul, on fait ce qu'on veut, que personne ne va venir dicter notre conduite, qu'on est libre, LIBRE !... Mais notre nature profonde décide pour nous.

D'abord, chacun de nous a en lui une horloge biologique qui lui impose un rythme de vie : heure des repas et du sommeil, besoin de grand air ou de compagnie. Et même s'il nous arrive de manger nos spaghettis directement dans la casserole ou de passer trois jours sans nous habiller ou nous laver, ce ne peut être qu'occasionnel. Nous avons le respect de nous-même et ne souhaitons pas nous transformer en chiffonnier ni notre maison en bauge. « Mais ce n'est pas du savoir-vivre ça, c'est la vie ! », direz-vous. Vous avez raison. Mais si on reprend le mot savoir-vivre au sens étymologique, c'est-à-dire son tout premier sens, on s'aperçoit que c'est un mot datant de 1674 qui vient de savoir et de vivre, c'est donc l'art de bien diriger sa vie...

Mais bien souvent, quand on parle de savoir-vivre, notamment aux jeunes, c'est le terme qui fait peur. Ce mot a pris de nombreuses rides ces derniers temps, car on lui associe toutes ces manières artificielles et ces attitudes empruntées qui ne cadrent pas du tout avec la génération de la décontraction. Le mot savoir-vivre évoque inévitablement l'image d'un certain milieu qui ne

Introduction / 11

*sait pas boire une tasse de thé sans dresser le petit doigt.
Alors, si le mot effraie, changeons-en! Il y a quelques
années, certains mots ont fait peur également. Les sourds
sont devenus des malentendants, les aveugles des non-
voyants et les filles-mères des mères célibataires. On dit
la même chose mais différemment, comme par pudeur.
Pour le savoir-vivre, c'est pareil.*

*Par exemple, dans un couple, le savoir-vivre s'appelle
prévenance, délicatesse, tendresse, amour. En famille,
c'est de l'attention, du respect mutuel et de l'affection.
Entre amis, c'est de la courtoisie, de la gentillesse, du
doigté, du respect, de la politesse ou tout simplement
de l'amitié. Dans certains milieux comme l'aristocra-
tie, la noblesse ou la haute bourgeoisie, le mot savoir-
vivre garde intacte toute sa saveur. Là, aucune réception ne peut être dignement livrée aux caprices du
hasard. Enfin, dans les milieux des hautes instances de
l'Etat, les hautes sphères de l'Eglise ou de l'Armée, le
savoir-vivre s'appelle «protocole» ou «étiquette». Tout
un réseau compliqué de convenances réglementaires très
strictes qu'il ne faut transgresser sous aucun prétexte,
comme nous l'avons vu précédemment...*

*Mais quels que soient la situation ou les milieux dans
lesquels on se trouve, quel que soit le mot choisi pour
nommer le savoir-vivre, il existe bel et bien et ce guide
est là pour vous permettre d'en démêler toutes les ficel-
les, d'en connaître tous les secrets, pour que vous soyez
à l'aise en tous lieux, tous moments et toutes circonstances.*

CHAPITRE I

Le savoir-vivre en couple

Première rencontre

Que cette rencontre ait lieu chez des amis, au restaurant, lors d'une soirée, en vacances ou, par hasard, dans la rue ou ailleurs, il y a un moment donné où l'on se trouve face à la personne qui va bouleverser notre vie, même si on ne le sait pas encore.

Si la rencontre a lieu dans un contexte classique, la personne va nous être présentée. En principe, **on présente toujours un homme à une femme** et celle-ci ne doit pas se lever, sauf s'il s'agit d'un homme âgé. Aujourd'hui, bien souvent, la personne qui fait les présentations situe les deux personnes en présence par leur métier ou un détail qui personnalisera la présentation et facilitera les premiers contacts: « Voici Eve C., nous nous sommes connues sur les bancs de l'école », etc. Un jeune homme devra toujours se lever lorsqu'on lui présente quelqu'un, homme ou femme.

Une fois les présentations faites, on peut utiliser des **formules** du type « Mes hommages, Madame » (pour une femme) ou « Je vous présente mes respects, Mademoiselle » (pour une jeune fille). Mais aujourd'hui, ce genre de formule ne s'emploie plus que dans les dîners officiels ou dans les milieux distingués. Evitez, quoi qu'il arrive, le sinistre « Enchanté » et contentez-vous d'échanger un sourire, un bonjour et une poignée de main.

Aujourd'hui, on a plutôt tendance à **se présenter soi-même**, par son prénom tout simplement, ou éventuellement accompagné du nom de famille. Tout dépend de la circonstance. Une femme mariée devra dire «Je suis Madame Untel», tandis qu'un homme, marié ou pas, devra juste mentionner son nom. Une jeune fille ne dira pas «Mademoiselle Untel», mais «Dominique Untel».

Si la rencontre a lieu dans la rue ou dans tout lieu public, l'homme évitera bien sûr les clins d'oeil, sifflements ou attouchements malvenus qui pourraient se solder immédiatement par une gifle. Demander l'heure, son chemin, du feu ou toute autre banalité de ce genre est mieux accepté et risque moins de se solder par un échec. Mais un peu d'originalité ou d'humour a plus de chances de marcher : à vous de trouver la bonne formule selon les circonstances! Bien entendu, la «drague» sera exclusivement réservée aux hommes. Une femme qui voudrait malgré tout tester ses talents de séductrice ne pourra pas risquer autre chose qu'un regard...

Naissance d'une idylle

La première rencontre laissant présager d'autres moments charmants, il est temps d'**échanger les adresses** et les numéros de téléphone. Chacun sort son petit carnet et note les coordonnées de l'autre : un homme ne doit pas donner sa carte à une femme, sauf si la rencontre a lieu dans la rue ou dans un lieu public. Pour la suite des événements, l'usage veut que ce soit l'homme qui recontacte la femme et, même aujourd'hui, il est rare que ce soit l'inverse, aussi libérée que se prétende la femme.

L'homme invite alors l'élue de son coeur à un **tête-à-tête** au restaurant ou au cinéma pour mieux faire connaissance.

L'idylle est née, **la romance s'engage** et chacun jugera, au fil des jours et des semaines suivantes, le moment de sceller cet amour tout neuf par des relations plus intimes.

Il n'y a pas si longtemps, ce moment ne pouvait avoir lieu honorablement que s'il avait été béni par les liens sacrés du mariage, ou bien la réputation de la femme aurait eu gravement à en souffrir, même aux yeux du cher et tendre. On dit que certaines ambitieuses savent se faire désirer jusqu'à ce qu'elles aient «la bague au doigt». Mais, dans la grande majorité des cas, les rapports aujourd'hui sont plus simples et plus spontanés.

Le savoir-vivre en couple / 17

Si l'idylle s'avère déboucher sur une relation plus sérieuse et plus longue, on envisage de **vivre ensemble**. Soit en passant devant Monsieur le Maire, soit en passant outre. Le deuxième cas est aujourd'hui très fréquent et, si nos grands-mères ont eu beaucoup de mal à l'accepter il y a une vingtaine d'années, elles sont maintenant parfaitement à la page. Les voisins ne vous montrent plus du doigt et on appellera une femme Madame, au même titre que si elle était mariée. D'ailleurs, juridiquement, les concubins ont strictement les mêmes droits qu'un couple marié (sauf pour les impôts), à condition de pouvoir justifier d'un domicile commun. La femme gardera son nom de jeune fille, c'est tout.

Si le couple préfère officialiser la chose, il suivra le circuit classique : demande en mariage, fiançailles et enfin mariage (seule la troisième étape étant dans ce cas vraiment obligatoire !).

La demande en mariage

Il est bien loin le temps où le jeune homme envoyait une lettre empressée aux parents de la jeune fille pour leur demander l'autorisation de la courtiser; puis, après la période réglementaire, où il venait en habit et impeccables gants «beurre frais» à la main, présenter sa demande en mariage! Aujourd'hui, **plus besoin d'intermédiaires**. Quand on a décidé de se marier, on en informe les parents qui peuvent, bien sûr, s'ils le souhaitent, faire savoir leur désaccord. Mais si les enfants sont majeurs, ils ne peuvent rien contre leurs projets.

Certaines familles s'appliquent encore à respecter la tradition, mais le plus souvent, l'**officialisation** a lieu lorsque les deux familles se rencontrent pour la première fois. Il arrive même fréquemment que les familles ne se rencontrent que le jour du mariage.

Comme les règles strictes ont été abolies par le temps, la demande à la jeune fille est aussi des plus fantaisistes. Elle peut avoir lieu n'importe où, dans n'importe quelles circonstances et même sur l'oreiller… ou après cinq ans de vie commune!

Le savoir-vivre en couple / 19

Les fiançailles

Les fiançailles sont décidées, il ne reste qu'à choisir la date du repas de famille, à faire l'emplette d'une bague et à prévenir les invités.

La bague

Autrefois, après s'être informé des goûts de la jeune fille, le jeune homme allait seul acheter la bague, en prenant bien garde de ne pas choisir des pierres à mauvaise réputation comme les perles, symboles de larmes, ou l'opale, qui porte malheur car ses teintes irisées sont changeantes. Aujourd'hui, la bague de fiançailles reste à l'honneur, y compris dans les milieux les moins amateurs de traditions, car elle reste un symbole d'amour, même si elle est très modeste. Mais curieusement, l'opale a gardé sa mauvaise réputation et le diamant ses lettres de noblesse. Les fiancés vont, le plus souvent, **choisir ensemble** cette bague, sauf si le jeune homme en offre une qui lui vient de sa famille. Quel que soit le cas, la bague sera offerte le jour des fiançailles, avant le repas de fête, en amoureux, ou au cours du repas.

Les fleurs

Quitte à se fiancer, autant jouer le jeu jusqu'au bout! Le fiancé devra donc, le matin même de la fête, envoyer à sa dulcinée un beau bouquet de fleurs **blanches**. Quant aux invités, en plus du traditionnel cadeau, ils apporteront également des fleurs blanches à la fiancée, mais ils pourront agrémenter leur bouquet de quelques fleurs roses.

Comment s'habiller

La fiancée choisira plutôt une **robe claire**. Les autres participants sont libres de s'habiller comme ils le souhaitent, à condition, bien sûr, de faire un effort pour l'occasion, c'est une fête! Mais surtout pas de tenue de soirée en pleine journée...

Le repas de fiançailles

Il doit se passer **dans la famille de la jeune fille**, entre intimes. Si vous voulez vraiment faire les choses en grand, il sera temps, plus tard, d'organiser une belle fête pour tous les amis. A table, les parents de la jeune fille sont assis l'un en face de l'autre. Les places d'honneur, à droite de ceux-ci, sont réservées aux parents et grands-parents du jeune homme. Quant aux fiancés, ils feront tous les deux les tourtereaux à un bout de la table.

Les faire-part

Il existe deux formules simples à faire imprimer sur des cartes ou à écrire à la main pour les plus intimes:

«Monsieur et Madame X., Monsieur et Madame Y. ont la joie d'annoncer les fiançailles de leurs enfants Marie et Gérard. »

La deuxième formule est considérée comme plus élégante :

« *On nous prie d'annoncer les fiançailles de Mademoiselle Marie X., fille de Monsieur et Madame X., avec Monsieur Gérard Y., fils de Monsieur et Madame Y.* »

Et on indique les adresses des deux familles.

En dehors du faire-part, on peut également publier un entrefilet (payant) dans le carnet mondain d'un des journaux qui pratiquent cette rubrique.

Les cadeaux

N'oublions pas que les fiançailles ne sont que le prélude au mariage. On doit faire un cadeau, certes, mais ne pas se laisser emporter par son enthousiasme. Le mariage est plus important. Le **système des listes** dans les grands magasins, bien connu maintenant et couramment pratiqué, est excellent. Les fiancés remercieront évidemment tous les donneurs de cadeaux.

La rupture

Mais oui, ça peut arriver, et il n'y a pas de honte à cela. La jeune fille renvoie sa bague au jeune homme, sauf s'il la prie de la garder. Chacun prévient discrètement son entourage, sans raconter les pires choses sur l'autre, et on retourne tous les cadeaux éventuels aux personnes qui les ont offerts, avec un petit mot.

Le mariage

C'est le plus beau jour de la vie, paraît-il. Mais c'est aussi celui qui demande le plus de soin aux organisateurs et, surtout, aux organisatrices, pour que tout soit parfait, jusque dans les moindres détails. En général, ce sont en effet les femmes qui se chargent de tout en ce domaine.

De nombreux couples se marient aujourd'hui comme on s'inscrit sur une liste électorale, dans la plus stricte intimité, simplement encadrés de leurs témoins et parents. Mais la plupart désirent encore préserver à cette journée toute la magie qui l'auréolait autrefois, en respectant les traditions.

Les faire-part

C'est la toute première chose à laquelle il faut penser, car elle déterminera la **liste des personnes** que l'on convie simplement à la cérémonie et celles qui auront le privilège de participer à toute la fête. Sans oublier les personnes que l'on informe sans les convier à quoi que ce soit.

Le faire-part doit être un feuillet double plié pour que chaque famille ait son «côté». Choisissez de préférence un papier vélin blanc ou légèrement teinté, et toujours un caractère d'imprimerie dit «à l'anglaise». **Chaque famille** prend en charge ses propres faire-part et se place sur le premier volet. L'usage veut que les grands-parents et parents de la jeune fille annoncent son mariage avec Monsieur X., sur l'un des côtés, et que les grands-parents et parents du jeune homme fassent de même avec Mademoiselle Y., de l'autre côté. On évite d'inscrire les professions, mais si l'on désire voir figurer ses titres, nobiliaires ou autres, c'est tout à fait admis. Les veuves resteront discrètes sur leur «état» et inscriront simplement Madame Untel. Le cas échéant, on joint à ce faire-part le carton d'invitation pour les festivités qui suivront la cérémonie, et on envoie le tout au maximum un mois et au minimum quinze jours avant la cérémonie, dans une enveloppe manuscrite fermée mais non collée.

Si le mariage a lieu en toute simplicité, entre intimes, on ajoute en bas du faire-part: «Le mariage a été célébré à telle date, en telle église, dans la plus stricte intimité.»

Voilà pour les faire-part classiques. Si la rigueur était de mise autrefois, rien ni personne aujourd'hui ne vous en voudra si vous voulez éviter les sentiers battus en envoyant un dessin humoristique, une formule originale, un poème ou une photo. L'essentiel étant, bien sûr, de rester dans les limites du bon goût. Tout le monde n'a pas le même humour...

Comme pour les fiançailles, l'annonce officielle peut être faite par voie de presse, mais les faire-part personnalisés sont mieux vus.

Le mariage civil

Il a lieu à la mairie, en civil comme son nom l'indique, c'est-à-dire en tenue élégante mais non de soirée. S'il a lieu la veille de la cérémonie religieuse, la mariée portera simplement une jolie robe ou un tailleur. S'il a lieu une heure avant, elle arborera sa robe de mariée car elle n'aurait pas le temps ensuite de se faire belle.

Ce sont les intimes qui participent au mariage civil et s'il n'est pas immédiatement suivi du mariage religieux, il peut se clore par un verre, un goûter ou un déjeuner, selon l'heure où il a lieu. Si le mariage se limite au passage devant Monsieur le Maire, les tenues peuvent être plus élégantes.

Le mariage religieux

Il a lieu **dans la paroisse de la mariée**. Les invités doivent arriver avant les futurs époux, qui rentreront dans l'église une fois tout le monde installé, par famille, de part et d'autre de l'allée centrale. Les amis se placent derrière et les témoins le plus près possible de l'autel. Enfin arrivent les vedettes! Le marié, d'abord, donnant le bras gauche à sa mère, marche jusqu'à l'autel et s'attribue le prie-Dieu de droite. Puis arrive la mariée, au bras droit de son père, précédée des enfants d'honneur, sauf deux qui tiennent fièrement sa traîne. Elle ne doit porter aucun bijou, à part sa bague de fiançailles.

Si le père de la mariée est décédé, elle se fera conduire à l'autel par son grand-père, son frère aîné, son parrain ou son tuteur. Si la mère du marié est décédée, il aura à son bras sa grand-mère, une tante, sa marraine ou une amie proche de la famille.

La cérémonie se déroule avec plus ou moins de chants et d'orgue (on laisse de plus en plus les futurs mariés s'occuper personnellement de cette question) et enfin, le prêtre bénit les tout jeunes époux qui se passent mutuellement leurs **alliances**. Celles-ci auront été amoureusement choisies par le jeune couple auparavant, identiques ou selon les goûts de chacun, mais toujours payées par le jeune homme. Si, par la suite, on ne désire pas arborer ce gage «d'union éternelle», personne n'aura à s'en offusquer.

Les félicitations

Une fois prononcé le oui fatidique, signé le grand livre par les époux et les témoins, place aux félicitations. Les jeunes mariés se tiennent de chaque côté de leurs parents respectifs, devant l'autel, à la sacristie ou sur le parvis de l'église, et chaque invité y va de sa petite phrase et de ses embrassades. Puis, ils sortent au bras l'un de l'autre, unis pour la vie, toujours suivis des enfants d'honneur, puis des parents, les beaux-pères offrant leur bras gauche aux belles-mères. Et après toutes ces formalités, enfin les choses sérieuses!

La réception

Autrefois, c'était la famille de la mariée qui assumait la charge financière de toute la fête. En général, à présent, **les frais sont partagés** entre les deux, selon le nombre de leurs invités. Il peut s'agir d'un déjeuner, d'un cocktail, d'un lunch ou, le plus souvent, d'un cocktail suivi d'un dîner et d'une soirée dansante. A minuit tapant, autrefois, les mariés s'éclipsaient discrètement pour goûter enfin aux joies de leur nuit de noces. Aujourd'hui, ce plaisir est déjà le plus souvent consommé et ils préfèrent rester plus tard pour s'amuser avec tout le monde, danser et profiter de la fête. Puis, la nuit même ou dès le lendemain matin, si les moyens du couple le leur permettent, c'est le grand départ pour le voyage de noces. Les employeurs offrent trois jours!

Les cadeaux

Comme pour les fiançailles, le principe de laisser une **liste** dans un grand magasin ou chez n'importe quel fournisseur est idéal... On peut aussi se faire offrir une voiture... en pièces détachées! Si l'argent récolté est insuffisant, les jeunes mariés puiseront dans leurs économies. Le système des enveloppes est agréable aussi quand on part dans la vie avec un compte en banque très mince. Tout est possible.

Les remerciements

Bien entendu, chaque personne qui aura offert un cadeau, aussi modeste soit-il, sera remerciée **personnellement**, soit de vive voix, soit par écrit. Il faut toujours mentionner le cadeau qui a été fait, même s'il s'agit d'une participation à un cadeau collectif.

Le savoir-vivre en couple / 27

Les anniversaires de mariage

Vous avez, bien sûr, entendu parler des noces d'or, d'argent ou de diamant. Mais connaissez-vous les autres symboles ? Au terme d'une année, ce sont les noces de coton, celles de papier pour deux ans, de cuir pour trois ans, de cire pour quatre ans, de bois pour cinq ans, de chypre pour six ans, de laine pour sept ans, de coquelicot pour huit ans, de faïence pour neuf ans, d'étain pour dix ans, de corail pour onze ans, de soie pour douze ans, de cristal pour quinze ans, de porcelaine pour vingt ans, d'argent pour vingt-cinq ans, de perle pour trente ans, de rubis pour trente-cinq ans, d'émeraude pour quarante ans, de vermeil pour quarante-cinq ans, d'or pour cinquante ans, de diamant pour soixante ans, de platine pour soixante-dix ans, d'albâtre pour soixante-quinze ans et... de chêne pour quatre-vingts ans ! Mais l'usage se contente de ne fêter que les trois plus célèbres, celles citées plus haut.

Le remariage

Si le premier mariage n'a pas marché, qu'il s'est soldé par un divorce, mais que l'on désire tenter sa chance une deuxième fois, la femme le fera dans la plus stricte intimité, discrètement. En revanche, libre à l'homme qui se remarie de faire une fête éblouissante si tel est son désir. Les usages ne sont pas toujours très libérés au niveau de l'égalité entre les sexes !

La vie en appartement

Après s'être déniché un petit nid d'amour, chacun y apporte ses affaires, les meubles de famille, son trousseau (de plus en plus de mères aujourd'hui préparent soigneusement un trousseau pour leur fils, une excellente chose!).

Très vite, il faut se présenter à sa **concierge**. Si, par la suite, elle s'avère particulièrement coopérante et zélée, vous la remercierez en petits pourboires et attentions délicates. Et au moment des étrennes, n'oubliez pas sa petite enveloppe. L'usage voulait que l'on donne 10 % du loyer, mais aujourd'hui, avec les prix prohibitifs pratiqués couramment, c'est impossible. Alors, donnez selon vos moyens.

Une fois que vous serez installés, organisez donc la **pendaison de crémaillère**. Une bonne occasion de présenter votre conjoint(e) à ceux de vos amis qui ne le(la) connaîtraient pas encore. Chacun apporte quelque chose à manger ou à boire, les cadeaux ne sont pas obligatoires, sauf, éventuellement, un petit accessoire symbolique pour la maison. Dans les pays nordiques, on offre du pain et du sel pour porter bonheur à la maison et à ses occupants.

Pour ce qui concerne **la vie quotidienne**, le bon sens et le respect des autres font largement office de savoir-vivre. Pas de cavalcades dans les escaliers, pas de talons ferrés sur les parquets pour éviter la dépression nerveuse aux voisins du dessous, pas de musique à tue-tête à n'importe quelle heure du jour et surtout de la nuit, pas de règlements de comptes familiaux à cor et à cri, pas de tapis secoués trop vigoureusement ou de plantes arrosées trop copieusement... Bref, ne soyez pas les voisins que vous détesteriez avoir!

En ce qui concerne le **tapage**, le Code pénal est très strict: «Tout bruit causé sans nécessité ou dû à un défaut de précaution est interdit. Seront punis d'une amende de 300 F à 5.000 F les auteurs ou complices de bruits, tapages ou attroupements nocturnes troublant la tranquillité des habitants.» Cela ne veut quand même pas dire que l'on ne puisse jamais recevoir chez soi, mais, dans ce cas, prévenez vos voisins et affichez une petite note à un endroit où tout le monde la verra. Et puis, veillez à ne pas trop exagérer...

Si l'immeuble que vous habitez est muni d'un ascenseur, évitez d'en claquer les portes s'il est ancien, ne filez pas à l'anglaise si vous voyez arriver une personne qui désire le prendre également, et si vous «voyagez» avec une personne âgée, aidez-la à s'extraire de ces cabines exiguës.

Mais il n'y a pas que les relations avec les voisins qui sont importantes. Par exemple, ne mobilisez pas pendant des heures les toilettes ou la salle de bains, n'imposez pas à vos visiteurs de se déchausser avant d'entrer ou de risquer leur vie sur de périlleux patins, ne plongez pas votre intérieur dans d'insupportables odeurs de cuisine (évitez notamment les sardines grillées), raccrochez votre peignoir, même pour aller chercher le courrier, descendre la poubelle ou dire un mot à la concierge. Enfin, gardez en toutes occasions votre réserve et votre discrétion.

La vie en maison individuelle

Sauf si vous habitez en pleine campagne, les consignes sont sensiblement les mêmes que celles concernant la vie en appartement. Là, vous n'avez pas de concierge, mais il est poli de se présenter aux **voisins** les plus proches. Vous verrez, à l'usage, qu'il est très souhaitable d'être en bons termes avec eux.

Quant au **bruit**, celui que vous ferez à l'intérieur de votre maison aura toutes les chances de passer inaperçu, mais pas celui que vous ferez **à l'extérieur**... Les chiens qui aboient ou hurlent à la mort sans arrêt, les tondeuses à n'importe quelle heure, et surtout le dimanche lorsque les voisins déjeunent dehors, les cyclomoteurs qui pétaradent, les stridentes perceuses ou même les feux d'artifice, ce n'est pas au goût de tout le monde. Personne ne vous a chargé de sonoriser les lieux!

Naissance
du premier enfant

La date fatidique est dépassée. Vous faites un petit test pour confirmer l'heureux présage... C'est bien cela, vous êtes enceinte!

Ne le clamez pas encore partout: malgré votre bonheur, l'usage veut que l'on attende le troisième mois. Mais confiez quand même votre secret à votre mari et à vos parents.

Neuf mois pour réfléchir à un joli prénom (pas trop excentrique) et pour préparer la layette du bébé. Bleue pour les garçons, rose pour les filles... Les choses ont bien changé aujourd'hui. Toutes les couleurs sont possibles, mais c'est tellement mignon un bébé auréolé de tons pastel.

A sa naissance, c'est le père qui, normalement, va déclarer l'heureux événement à la mairie. Pendant ce temps-là, dans sa chambre d'hôpital ou de clinique, la mère reçoit la visite de tous les proches qui viennent admirer le nouveau-né, et lui offrir des fleurs ou un cadeau pour le bébé.

Puis, il faut songer à annoncer la bonne nouvelle à tout le monde. Les **faire-part** les plus classiques sont un simple bristol blanc, éventuellement encadré de rose ou de bleu selon les cas, et imprimé avec des caractères «à l'anglaise». Les parents ont la joie

32 / *Le savoir-vivre au quotidien*

d'annoncer la naissance de leur fils ou de leur fille Dominique, telle date et à telle heure (pour les amateurs d'astrologie). Une autre version plus moderne : ce sont les frères et sœurs qui sont heureux d'annoncer la naissance de Dominique. Mais aujourd'hui, l'imagination est à l'honneur, et c'est à qui rivalisera de fantaisie et d'originalité. Tout est permis : photos, dessins humoristiques, petites bandes dessinées, pliages, collages..., tout sauf le goût douteux, exactement comme pour les faire-part de mariage.

On peut également annoncer l'heureux événement dans les carnets mondains des journaux spécialisés, si on a un grand nombre de relations à informer. Cela se fait alors huit jours après la naissance.

Le baptême

Si le baptême était autrefois une véritable institution, tant mondaine et familiale que religieuse, il en va tout autrement aujourd'hui. Les parents qui désirent faire baptiser leur enfant le font par conviction religieuse uniquement, ou sous les encouragements de grands-parents très pratiquants, pour leur faire plaisir.

Le baptême religieux

Dès que la mère est remise physiquement et moralement de ses émotions, après l'accouchement, les parents préviennent le prêtre de la paroisse et on fixe une date pour le baptême. Le choix du **parrain** et de la **marraine** ne doit pas se faire à la légère. En effet, c'est à eux que pourrait incomber la charge de l'enfant dans le cas où ses parents viendraient à disparaître. L'usage voulait autrefois que l'on choisisse les grands-parents comme parrain et marraine, mais c'était absurde dans la mesure où ils sont logiquement les premiers à quitter ce monde. Mieux vaut donc les choisir de l'âge des parents ou plus jeunes (minimum requis : sept ans), parmi les membres de la famille ou les amis proches.

Le parrain offre à son filleul un cadeau traditionnel (couvert, timbale, coquetier...), se charge des petits cornets de **dragées** à offrir à tout le monde, y compris le prêtre et les enfants de chœur, et donne un petit cadeau à la marraine. Une gentille attention pour la maman est également la bienvenue.

La marraine offrait traditionnellement la robe et le bonnet de baptême. Mais à présent, on a plutôt tendance à utiliser la robe de famille, s'il y en a une, ou à revêtir tout simplement le bébé de blanc. Elle offre donc la fameuse **chaîne et médaille de baptême** et, éventuellement, un petit cadeau à la maman. Quelques semaines après la cérémonie, elle invite à dîner les parents de son filleul et le parrain, accompagné de sa femme s'il est marié.

Après la cérémonie religieuse, les parents organisent une **fête** pour immortaliser l'événement dans le souvenir de chacun: un déjeuner, un lunch, un cocktail ou un dîner, selon l'heure du baptême, les goûts et les finances... N'oubliez pas d'inviter le prêtre! S'il accepte, c'est lui qui devra occuper à table la place d'honneur, c'est-à-dire à droite de la maîtresse de maison. Le parrain sera, lui, à sa gauche. La marraine sera à droite du maître de maison tandis qu'à sa gauche, il placera la plus âgée des grands-mères. Le bébé fera une courte apparition, inutile de le fatiguer encore davantage après les si dures épreuves de la journée!

Le baptême civil
ou baptême républicain

Mais oui, ça existe! Il a été instauré pendant la Révolution française (1794, an II de la République). Le bébé était présenté au magistrat municipal, coiffé d'un **bonnet phrygien** et couché **dans un berceau drapé de bleu, blanc et rouge.** Il se pratique encore dans

Le savoir-vivre en couple / 35

certaines régions de France comme le Nord, la Normandie, le Sud-Ouest et la Bretagne, et dans les municipalités soucieuses des traditions républicaines. Ce n'est pas parce qu'on ne pratique pas de religion que l'on ne peut pas doter son enfant d'un **parrain** et d'une **marraine**!

La cérémonie a lieu à la mairie, comme le mariage. Et, en présentant leur enfant au maire, les parents s'engagent à l'élever en respectant les voies de la vérité et de la raison. Les parrain et marraine sont témoins de ce serment. Quant aux **festivités** qui suivent la cérémonie, elles sont en tous points similaires à celles d'un baptême religieux.

Il arrive souvent, aujourd'hui, que les jeunes couples choisissent un parrain et une marraine pour leur enfant sans passer par aucune cérémonie, religieuse ou civile. Tout se passe alors par simple accord tacite.

CHAPITRE II

L'éducation des enfants

Premières leçons
de bonne conduite

En leur inculquant les premières règles de savoir-vivre, les premières bonnes manières, il ne s'agit pas de transformer vos enfants en petits animaux savants, mais en futures grandes personnes polies, obligeantes et, de ce fait, à l'aise partout. La génération des enfants-rois, pas traumatisés certes, mais grossiers, bruyants, capricieux et égoïstes, est bien révolue. Les parents ont compris que trop de liberté n'était pas un service à leur rendre.

Sans vous transformer en rabat-joie chronique, la première chose à leur apprendre est l'**obéissance**. Ainsi, ils apprendront très vite jusqu'où il ne faut pas aller trop loin. Apprenez-leur très tôt les quatre mots magiques de la bonne éducation: bonjour, bonsoir, pardon, merci. Enseignez-leur la façon de bien tenir son couteau et sa fourchette, de ne pas parler la bouche pleine, de ne pas mettre le couteau à la bouche, de ne pas mettre les coudes sur la table, ni les doigts dans les assiettes, de ne pas dire «beurk» devant les plats qu'on leur présente, de ne pas parler à tort et à travers et de demander la permission pour sortir de table.

N'oubliez pas que leur **langage** est le reflet du vôtre. Si vous ne pouvez vous empêcher d'émailler toutes vos phrases de grossièretés, vos réprimandes

L'éducation des enfants / 39

auront moins de poids s'ils font de même. Ce sont de vrais petits perroquets! Donnez-leur la bonne habitude de ne pas couper la parole et interrompre les conversations. Quant au **vouvoiement**, les avis sont partagés. Les intransigeants de la bonne éducation estiment qu'un enfant doit toujours dire «vous». Les générations plus jeunes trouvent qu'ils ont déjà suffisamment de choses à apprendre sans encombrer leur petite cervelle d'une notion aussi subjective. Il y a sûrement un moyen terme entre les deux. En effet, les jeunes ont de plus en plus tendance à tutoyer tout le monde et n'importe qui, ce qui n'est pas toujours du meilleur effet. Alors mieux vaut, dès leur plus jeune âge, apprendre aux enfants à parler avec discernement: les grandes personnes que l'on ne connaît pas, on leur dit automatiquement «vous», et celles qu'on connaît «tu». Ce n'est pas bien compliqué.

Quant à vous, ce n'est parce que vous êtes adulte que le **savoir-vivre envers les enfants** n'existe pas. Ne les grondez pas à longueur de journée, ne leur donnez pas d'ordres contradictoires, ne soyez pas injuste sous prétexte que votre patience a des limites, enfin, expliquez-leur le pourquoi des choses. En les respectant, vous leur apprendrez à respecter les autres. Les chiens ne font pas des chats, dit-on. Si vous vous montrez bien élevé, votre enfant le sera.

L'hygiène, la propreté

Les enfants n'aiment pas se laver, c'est bien connu. Mais plus tôt vous lutterez contre cet évident penchant naturel et plus vite c'est la propreté et l'hygiène qui leur deviendront naturelles.

D'abord, une bonne habitude: **se laver les mains** avant chaque repas, avec du savon, sans oublier les poignets. Vérifiez, au début, que cela a été fait consciencieusement, en insistant sur les ongles. Tant qu'ils sont petits, coupez-leur les ongles et brossez-les-leur régulièrement. Plus tard, ils le feront eux-mêmes.

Une autre habitude indispensable: **se laver les dents** le matin et le soir avant de se coucher. Si une telle chose était courante, les cabinets des dentistes ne seraient pas pleins en permanence!

Au moment de la **douche** ou du **bain**, apprenez-leur à ne pas seulement faire trempette mais à se laver vraiment, avec du savon, dans les coins et recoins, plis et replis. Sans oublier les oreilles!

Toutes ces recommandations peuvent paraître puériles, mais combien d'adultes ont une hygiène qui laisse à désirer. Et pourtant, cela fait partie du savoir-vivre, car on est souvent jugé sur l'aspect extérieur: ongles plus ou moins nets, cheveux sales et mal coiffés, sans parler parfois d'odeurs redoutables...

Apprenez également à vos enfants **quelques gestes** qu'ils feront plus tard automatiquement: se moucher discrètement sans étudier ensuite le produit de leurs efforts, ne pas renifler bruyamment, ce qui veut dire se moucher souvent si nécessaire, ne pas mettre les doigts dans le nez ni se gratter comme un petit singe. Qu'ils mettent également la main devant la bouche s'ils bâillent ou éternuent, le tout avec un maximum de discrétion. De même, s'ils ont un besoin pressant, inutile d'en avertir tout le monde très fort, même dans un langage châtié...

Apprenez-leur très tôt à **s'habiller** tout seuls : d'une part, cela vous libérera et d'autre part, cela les habituera à le faire correctement. Faites-leur une remarque chaque fois qu'ils brandissent un mouchoir sale, que leurs chaussettes tire-bouchonnent sur leurs chevilles, que leur chemise sort du pantalon, que leur pull est à l'envers, que leur robe est tachée. Montrez-leur en exemple leur petit camarade ou, s'il n'y a pas lieu de le faire, dites-leur au contraire de ne pas lui ressembler.

Petit à petit, ils prendront conscience de leur corps, de leur tenue et de l'effet qu'ils produisent sur les autres. Comme tout le monde, les enfants apprécient les compliments et pour les attirer, il faut les mériter !

A l'école, au lycée

L'éducation et l'enseignement des bonnes manières que les parents donnent tous les jours à leurs enfants ne suffisent pas. L'école, puis plus tard le lycée, complètent et enrichissent cette formation et les préparent à la vie en communauté.

Les cours vont former leur esprit et leur donner toutes les bases de leur culture. Mais la vie en classe va leur donner de solides **règles de conduite et de morale**. Les notes de conduite, à l'école primaire, ne sont-elles pas en fait des notes de savoir-vivre? Ils apprendront notamment l'importance de la ponctualité. Ils comprendront très vite qu'il ne faut pas répondre de façon insolente aux enseignants, ni les interrompre quand ils parlent. Si votre enfant rencontre un professeur ailleurs que dans l'établissement scolaire, il doit le saluer mais ne jamais lui tendre la main le premier. Enfin, pendant les cours, il doit dissimuler les moments où son ennui est insoutenable et ne pas bâiller ostensiblement.

Votre enfant fait sûrement des efforts pour être correct et discipliné. De votre côté, faites en sorte qu'il soit **fier de vous vis-à-vis de ses professeurs**: allez les voir de temps en temps, justifiez d'un petit mot l'absence éventuelle de votre enfant, signalez tout risque de contagion s'il est malade ou s'il a des poux, et puis, en fin d'année, ne négligez pas les fêtes organisées par l'école. Le nec plus ultra étant, bien sûr, de faire partie d'une association de parents d'élèves ou de participer au conseil de fin d'année, mais tout le monde n'en a pas le temps.

La profession de foi

Si votre enfant a été baptisé, vous allez certainement l'inscrire au **catéchisme** pour qu'il prépare sa profession de foi. Autrefois, il n'y a pas si longtemps d'ailleurs, on appelait cette cérémonie la première communion ou communion solennelle car c'était la première fois que l'enfant recevait le sacrement de l'Eucharistie. Aujourd'hui, l'enfant communie plus tôt, vers huit ou neuf ans, et cette cérémonie l'introduit officiellement dans sa vie de chrétien adulte, aux côtés de son parrain et de sa marraine qui ont fait pour lui la «promesse de foi» à son baptême. C'est donc une **fête strictement familiale** dont le caractère religieux ne doit pas être oublié.

Pour les **invitations**, vous pouvez envoyer un petit mot ou donner un coup de téléphone à la famille proche, mais il est plus gentil que ce soit votre enfant qui écrive lui-même une petite lettre. Si vous désirez vraiment organiser une réception plus mondaine, vous pouvez également faire imprimer des cartons d'invitation: «Monsieur et Madame Untel recevront à l'occasion de la profession de foi de leur fille Marie, tel jour et à telle heure, adresse, R.S.V.P. (réponse S.V.P., une formule couramment employée).»

Pour le **repas**, préparez une table jolie mais discrète et composez un menu sans extravagances. Votre enfant occupera la place d'honneur, soit en présidant

L'éducation des enfants / 45

la table, soit en étant au centre, mais toujours avec son parrain et sa marraine de chaque côté de lui, ou éventuellement ses grands-parents. Il serait extrêmement déplacé et d'un goût douteux que le repas se termine en chansons, voire même en soirée dansante !

Le communiant reçoit à cette occasion de nombreux **cadeaux**. Autrefois, la marraine offrait un chapelet ou une médaille en or ou en argent et le parrain un missel et sa première montre en or. Aujourd'hui, on est plus souple mais la tradition est très souvent préservée en ce domaine. Pour les autres cadeaux, proposez des idées, l'imagination des invités fera le reste : bijoux, stylos, objets pour la chambre, livres, appareil photo, etc. mais jamais de jouets.

Naturellement, c'est l'enfant lui-même qui **remerciera** chaque personne individuellement pour tout ce qui lui aura été offert.

Vos enfants et vos amis

Vos enfants ont l'occasion de côtoyer vos amis principalement dans deux circonstances : soit vous les recevez chez vous, soit vos enfants vous accompagnent chez vos amis.

Si vous recevez des amis

Vos enfants doivent savoir bien se tenir, être discrets et réservés, ne pas monopoliser l'attention de tout le monde en multipliant singeries et facéties, en sortant tous leurs jouets ou en réclamant qu'on leur raconte des histoires. Ils doivent répondre aux questions qu'on leur pose, bien sûr, mais ne pas interrompre les grandes personnes. Et quand vous leur direz qu'il est l'heure d'aller au lit, ils devront y aller gentiment, sans faire d'histoires, après avoir dit bonsoir à tout le monde. Sauf s'ils sont grands, ne les faites jamais dîner en même temps que vous, d'abord ils s'ennuieraient et surtout, ils risqueraient de gâcher votre plaisir.

Quant à vous, ne faites jamais leurs éloges devant eux ni ne répétez leurs bons mots, ils finiraient pas perdre leur fraîcheur et leur spontanéité. A l'inverse, ne les humiliez pas non plus en parlant de leur mauvais carnet scolaire ou de leurs bêtises, cela peut parfois les marquer à vie.

Si vous allez chez des amis

N'imposez jamais d'office la présence de vos enfants,
à moins que vous en ayez été prié ou que vous n'ayez
pas trouvé à temps de baby-sitter. Même s'ils connaissent très bien les amis qui vous ont invité, les
problèmes cités plus haut finissent inévitablement par
arriver. Si vos amis vous ont prié de les amener, faites-
leur bien la leçon avant de partir en expliquant qu'il
s'agit d'un honneur pour eux et qu'ils doivent s'en
montrer dignes.

La baby-sitter

C'est évidemment la meilleure solution. Veillez à ce
qu'elle soit confortablement installée, qu'elle ne
s'ennuie pas et pensez qu'elle n'aura sûrement pas
dîné. Avant de partir, dites-lui l'heure approxima-
tive de votre retour et laissez-lui un numéro de téléphone où elle puisse vous joindre le cas échéant. A
votre retour, raccompagnez-la ou payez-lui un taxi.

Vos enfants au spectacle

Que vous les emmeniez au théâtre, au cinéma, voir un spectacle de danse ou écouter de la musique, il faut que ce soit bien de leur âge. Sinon, cette sortie-récompense risque fort de se transformer en pensum pour eux et pour vous. Un enfant qui s'ennuie dans une salle de spectacle risque de s'endormir, et c'est un moindre mal, ou bien il va constamment demander quand cela se termine, avoir des besoins pressants ou faire des réflexions tout haut.

Si le spectacle lui plaît, il va être captivé, vibrer et peut-être réagir de vive voix! Autant il est charmant, au Guignol, d'entendre les enfants manifester bruyamment leurs réactions, autant dans une salle obscure, il risque de s'attirer les foudres de ses voisins. Lorsque vous l'emmenez pour la première fois, expliquez-lui, avant, que de nombreuses personnes regardent le spectacle en même temps que lui, et que si tout le monde faisait tout haut ses réflexions, on ne s'entendrait plus. Seuls les rires (et les larmes discrètes) sont autorisés!

La télévision

L'invention de la télévision, quelle aubaine pour les parents! On met les enfants devant et il n'y a plus à s'en occuper, ils sont sages comme des images. Mais en fait d'aubaine, les drames maintenant viennent du fait qu'il n'y a plus moyen de les en déloger! Surtout, ne vous avisez pas de le faire pendant les pubs, vous les priveriez d'un de leurs moments préférés...

Donc, si on ne veut pas transformer ses enfants en «TV potatoes», du nom d'un club américain qui existe maintenant chez nous, il faut réagir vite. La télévision ne doit pas être allumée en permanence, sinon elle devient vite un aquarium à images que l'on ne peut s'empêcher de regarder au détriment de tout dialogue familial (et a fortiori lorsque vous avez des amis à la maison). Apprenez à votre enfant à lire le programme de télévision, **sélectionnez** avec lui les émissions ou les films susceptibles de l'intéresser et n'allumez le poste qu'à ce moment-là. Et quand il est l'heure d'aller au lit, pas de comédie, sinon il pourrait bien, la prochaine fois, être privé de sa chère télé.

La tenue des adolescents

Oscillant entre l'âge bête et l'âge ingrat, l'adolescence est en tout cas **l'âge où l'on acquiert de nombreuses habitudes** dont il sera très difficile ensuite de se défaire si elles sont mauvaises.

Entre quatorze et dix-huit ans, deux tendances s'affrontent : soit on veut le plus vite possible ressembler à ses parents et on fait tout pour cela, soit au contraire on veut affirmer son opposition par le conflit des générations et alors, les tenues les plus fantaisistes jaillissent des imaginations débridées. Des générations de «babas», rockers, punks et punkettes, «new wave» etc. se sont succédé à grands renforts d'accessoires les plus variés destinés à choquer. Aujourd'hui, du fait des difficultés économiques et du chômage, on assiste plutôt à l'excès inverse. A quelques rares exceptions près, bien entendu. La grande majorité des adolescents arborent un «look» parfaitement classique, vouent un culte à leurs grands-parents et leurs ambitions vont souvent au-delà de celles qu'avaient imaginées leurs parents pour eux. La marginalité ne peut pas faire bon ménage avec le chômage.

Alors, même si les plus élémentaires règles de propreté et d'hygiène ne sont pas encore fermement ancrées dans les habitudes, surtout chez les garçons, on arrive à donner le change par ce qui se voit : les cheveux, le visage, les mains et les ongles. Et puis, on soigne sa tenue selon les principes de Paul Valéry : «L'élégance allie le souci de ne pas se faire remarquer à celui, plus subtil, de se laisser distinguer.» En effet, chez les filles, et parfois chez les garçons, l'adolescence est l'âge où la **coquetterie** s'affirme, où l'on commence à vouloir séduire. L'âge aussi des premiers **maquillages**, qui doivent toujours rester discrets. Il s'agit d'embellir la nature, pas de la transformer. Le vernis à ongles rouge doit être réservé pour plus tard. Le rose pâle, le nacré ou l'incolore sont beaucoup plus jolis pour une jeune fille. De même pour le parfum : il peut être fleuri ou boisé, exotique ou fruité, mais jamais capiteux.

L'adolescence est aussi l'âge où le corps change. C'est donc le moment de revoir sa **démarche** pour qu'elle mette en valeur cette nouvelle morphologie : il faut marcher droit, sans regarder ses pieds, les épaules et le dos bien perpendiculaires au sol, sans se déhancher ni tanguer. Il ne faut pas non plus traîner des pieds ni courir à perdre haleine (sauf nécessité absolue, évidemment). Une démarche élégante est un atout capital pour une femme, et même pour un homme.

Les jeunes gens et jeunes filles qui se targuent d'acquérir de la classe doivent également exclure de leurs habitudes une manie rédhibitoire : mâcher du **chewing-gum** à longueur de journée! De plus, ce n'est jamais très agréable de les retrouver collés sous les semelles de ses chaussures... quand ce n'est pas sous les tables!

Il n'est pas non plus très élégant de hurler de rire en public, de pouffer, de faire des «messes basses», de montrer quelqu'un du doigt, d'être insolent ou provocant, de s'asseoir n'importe comment... enfin toutes ces **attitudes vulgaires** que le plus élémentaire bon sens peut immédiatement corriger.

L'adolescence est enfin l'âge où l'on prend de l'assurance, une **confiance en soi** que l'on trouve bien souvent dans le regard des autres. Autant donc faire en sorte qu'il soit le plus flatteur possible.

CHAPITRE III

Savoir recevoir et être reçu

Les invitations

Selon qu'il s'agit d'un petit repas en famille ou entre amis, d'un repas de fête ou d'une grande réception, les invitations ne sont pas les mêmes. Dans le premier cas, elles peuvent se faire tout simplement par téléphone, quelques jours avant ou même la veille du repas en question. Dans les autres cas, il faut **prévenir** vos invités au moins huit jours à l'avance, soit par téléphone, soit par un petit mot, soit par des cartons imprimés pour les grandes occasions. Vos invités doivent obligatoirement vous répondre pour que vous sachiez précisément le nombre de personnes sur lesquelles vous pouvez compter.

En lançant vos invitations, ayez du respect envers le très grand nombre de **superstitieux**... Pas de vendredi 13, jamais treize à table et même, une fois qu'ils seront chez vous, n'ouvrez pas de parapluie en leur présence, ne leur tendez pas directement la salière et ne leur donnez pas du feu si leur cigarette est la troisième allumée avec la même flamme!

Si vous recevez une invitation, il faut donc immédiatement **répondre**. Si vous ne pouvez ou ne souhaitez pas assister à la fête, il faut exprimer vos regrets et invoquer une raison valable, personne ne cherchera à savoir s'il s'agit d'un pieux mensonge ou non.

Si vous acceptez l'invitation, sachez qu'il convient, dans les deux mois qui suivent la fête, de **rendre cette invitation**, c'est-à-dire d'organiser un dîner à votre

Savoir recevoir et être reçu / 55

tour, en y conviant les personnes qui vous ont invité. Cet impératif est moins strict pour les hommes célibataires. Mais, si leurs moyens le leur permettent, ils peuvent toujours inviter au restaurant. Une réputation de « pique-assiette » est si vite établie... A vous d'éviter que l'on ne vous en affuble ! De même, ne soyez pas trop opportuniste en ne visant que vos intérêts en toutes circonstances : il y a aussi des dîners que l'on offre ou auxquels on va simplement pour le plaisir !

Enfin, n'oubliez pas qu'on peut inviter à déjeuner, à dîner ou à souper, mais jamais à manger !

Bien mettre la table

Quel que soit le type de repas que vous offrez, déjeuner ou dîner, il est indispensable de **mettre la table avant l'arrivée des invités**. D'une part, vous aurez déjà assez à faire lorsqu'ils seront là sans avoir cela en plus, et d'autre part, il est agréable pour les invités de voir qu'ils sont attendus et que l'on a préparé pour eux un joli couvert.

Tout d'abord, disposez un molleton sur la table, puis la nappe. Plus vous désirez donner un caractère élégant à votre dîner, plus la **nappe** doit être scrupuleusement choisie : brodée, unie ou damassée, plutôt blanche ou de couleur pastel. Repassez bien les plis, équilibrez les pans tout autour de la table et centrez les motifs s'il y en a.

Les **assiettes,** assorties à la couleur de la nappe, doivent être placées à un centimètre du bord de la table (en évitant qu'elles soient juste à l'aplomb d'un pied de table : l'invité à cette place serait très mal installé).

Le **couteau** doit être placé à droite de l'assiette, la lame tournée vers elle, et la **fourchette** à gauche, la pointe des dents reposant sur la nappe. Vous pouvez également mettre des porte-couteaux (sans y faire reposer le couteau pour l'instant) et, le cas échéant, des couverts à poisson. Les couverts à fromage et à dessert ne doivent jamais être mis sur la table avant le moment de s'en servir.

Savoir recevoir et être reçu / 57

Les **verres** doivent être d'une propreté indiscutable. Si le verre à vin blanc peut être facultatif, il est indispensable de mettre au moins un verre à eau et un verre à bordeaux (le plus grand, celui à eau, étant à droite du plus petit).

Les **serviettes** doivent être impérativement assorties à la nappe, soit du même service, soit d'une couleur unie en harmonie. Vous pouvez les présenter pliées dans l'assiette ou posées à gauche.

Quant au **pain**, si vous avez choisi la solution du petit pain individuel, il peut être soit glissé dans la serviette, soit, solution plus élégante, posé sur une petite assiette en haut et à gauche du couvert. Si vous préférez le pain en baguette, il doit être posé sur la nappe et rompu à la main ou servi déjà coupé en biseau dans une corbeille recouverte d'un petit linge blanc.

Le sel et le poivre doivent figurer sur la table.

Enfin, vous pouvez décorer votre table de **bougies**, flottantes ou correctement fixées dans leurs bougeoirs, et de **fleurs**. Attention aux grands bouquets qui empêcheraient les invités de se voir. Préférez plutôt la solution des centres de table ou des petits bouquets individuels à disposer en haut et à droite du couvert.

Et si vous voulez vraiment faire les choses en grand, vous pouvez mettre, devant chaque assiette, un **bristol** avec le nom de la personne qui sera placée là et, éventuellement, **le menu et les vins** qui seront servis.

Où place-t-on qui?

Dans la mesure du possible, invitez le même nombre de femmes et d'hommes, de façon à pouvoir les intercaler à table. Les maîtres de maison doivent être assis l'un en face de l'autre. Ensuite, à vous de déterminer la place de vos invités. Une tâche délicate car il faut savoir ménager les susceptibilités, même encore aujourd'hui.

Les places d'honneur sont à droite, puis à gauche du maître et de la maîtresse de maison. S'il n'y a qu'une personne à privilégier vraiment, il faut la placer à droite de la maîtresse de maison si c'est un homme et à droite du maître de maison si c'est une femme. Si un ecclésiastique fait partie de vos invités, c'est la place qui lui reviendra d'office, avant même un homme d'Etat ou un militaire. Et si jamais, un jour, vous invitez les «grands de ce monde» à votre table, sachez que l'ordre des préséances est très strict. Dans l'ordre : chef d'Etat, duc, maréchal, académicien, ministre, député, général, etc. Pour un hommage exceptionnel, chef d'Etat, prince de sang ou d'Eglise (cardinal), il faudra alors s'effacer devant eux et leur donner la place du maître de maison.

Plus modestement, si aucun de vos invités ne mérite plus qu'un autre la place d'honneur, vous la donnerez à la personne que vous invitez pour la première fois ou à la personne la plus âgée.

Pour les autres invités, l'usage veut que l'on sépare le mari et la femme, sauf s'ils sont mariés depuis moins d'un an, auquel cas ils pourront être placés l'un à côté de l'autre.

L'accueil des invités

Autrefois, arriver dix minutes avant l'heure inscrite sur le carton d'invitation était le nec plus ultra de la bonne éducation. Aujourd'hui, c'est l'inverse : ces mêmes minutes de battement sont placées après ! Quand un invité s'aperçoit que son retard risque de dépasser une demi-heure, il faut téléphoner pour prévenir la maîtresse de maison. «L'exactitude est la politesse des rois et le devoir des honnêtes gens», disait Louis XVIII...

Quand vos invités arrivent, débarrassez-les de leur manteau, imperméable, parapluie ou tout objet encombrant qu'ils ont éventuellement avec eux. S'ils sont les premiers arrivés, faites-les asseoir : la bonne éducation veut qu'on attende d'en être prié pour le faire. Si certains invités sont déjà là et qu'ils ne se connaissent pas, procédez aux présentations.

Les présentations se font encore selon certaines règles très strictes : les hommes se lèvent dans tous les cas, aussi bien pour présenter que pour être présentés, sauf s'ils sont très âgés. Les femmes se lèvent pour présenter ou être présentées à une femme plus âgée qu'elles ; elles restent assises lorsqu'on leur présente un homme, sauf s'il est très âgé, si c'est un ecclésiastique ou un personnage très important. On présente toujours un homme à une femme et la personne la moins âgée à la plus âgée. La formule la plus courante est : «Permettez-moi de vous présenter...». Lorsqu'il y a lieu de le faire, on précise le statut social ou nobiliaire de la personne : le Comte de X, le colo-

60 / *Le savoir-vivre au quotidien*

nel X, maître X (pour un avocat ou un notaire seulement), le docteur X, Monsieur l'abbé X ou le révérend Père X.

Après la petite formule rituelle de politesse (voir page 14), on peut se serrer la main, mais attention : si c'est avec une femme, il faut attendre qu'elle l'ait tendue la première, de même pour un personnage important. Ne tendez pas deux doigts ou une main molle et fuyante, à l'inverse, n'écrasez pas la main qui vous est tendue, ne la secouez pas et ne la gardez pas plus qu'il ne se doit.

Le baisemain est de moins en moins répandu, sauf dans certaines rares occasions ou réceptions très mondaines. Si ce geste ne vous est pas familier, ne vous obligez pas à le faire, vous vous sentiriez ridicule... et le seriez donc très certainement ! De toute façon, il est à exclure envers une jeune fille, sur une main gantée, dans la rue ou un lieu public. Un simple petit salut courtois de la tête suffit amplement.

L'apéritif

L'usage veut que l'on offre un verre à ses invités avant de passer à table (ce n'est d'ailleurs ni l'apéro, ni un pot, ni un drink, ni un canon...). Les fabricants se font un plaisir de proposer aux consommateurs un choix immense de **boissons alcoolisées** prévues à cet effet, mais n'en oubliez pas pour autant les **jus de fruits** et autres **boissons sans alcool,** le tout servi avec des petits biscuits, cacahuètes et tous les assortiments à votre goût.

Vous pouvez aussi, pour l'occasion, vous improviser magicien du shaker et offrir à vos invités des **cocktails** aux mélanges étonnants, inattendus, originaux, colorés ou non, qui auront la plupart du temps un succès fou. Mais si vous êtes novice en la matière, mieux vaut vous fier à des recettes déjà éprouvées, sinon, laissez faire votre fantaisie. N'assommez toutefois pas vos invités avant même le dîner commencé, les mélanges osés sont parfois traîtres!

Si, parmi d'autres alcools, vous offrez du **whisky,** ne le versez pas auparavant dans une carafe, même du plus pur cristal, vous laisseriez planer un doute sur la qualité du breuvage. De même, si vous êtes invité, ne demandez pas un scotch, mais tout simplement un whisky.

Aujourd'hui, il est de plus en plus fréquent d'offrir du **champagne** à l'apéritif. C'est une bonne habitude

62 / *Le savoir-vivre au quotidien*

car, à cette heure-là, on a encore (en principe...) le palais assez intact pour bien le déguster. Ce qui n'est pas le cas lorsqu'on le sert au moment du dessert. Le champagne se sert frais mais non glacé, dans des flûtes plutôt que dans des coupes qui sont un peu démodées. Pour ouvrir la bouteille, le maximum de discrétion s'impose: ne pas faire sauter le bouchon comme un pétard ni renverser du champagne partout. Il faut tenir fermement la bouteille à 45 degrés et tourner tout doucement le bouchon, à la main ou avec une pince, jusqu'à ce qu'il vienne tout seul. Ayez toujours une flûte à portée de la main pour pallier les éventuelles inondations. Et si la bouteille n'est pas terminée au moment de passer à table, glissez dans le goulot le manche d'une petite cuillère en argent, les bulles gazouilleront encore quelques heures. Enfin, si on vous offre du champagne et que vous n'aimez pas lesdites bulles, abstenez-vous d'en boire plutôt que de demander une petite cuillère pour le battre et le rendre moins gazeux.

Bien se tenir à table

Lorsque le dîner est prêt, la maîtresse de maison invite ses convives à se diriger vers la table. Si elle n'a pas poussé le raffinement jusqu'à placer un petit bristol avec le nom de chacun, elle attribuera les **places** de vive voix. Mais attention, que personne ne s'asseye avant que la maîtresse de maison ne l'ait fait! Les hommes doivent aider leur voisine à s'asseoir en tenant leur chaise, puis s'asseoir à leur tour. Il faut bien se tenir, ni trop près ni trop loin de la table, et surtout ne pas se balancer sur sa chaise. Ne mettez pas les coudes sur la table et, même si vous êtes servi, ne commencez pas à boire avant d'avoir commencé à manger, ni à manger avant que la maîtresse de maison n'en ait donné le signal en commençant elle-même. D'ailleurs, s'il y a plusieurs couverts autour de votre assiette et que vous ne savez pas lequel prendre, vous n'aurez qu'à la regarder et faire comme elle!

Voici la façon d'utiliser sans fausse note **les différents couverts** à votre disposition:
— La *cuillère à soupe* s'utilise par le bout et non par le côté comme dans les pays anglo-saxons. Ne soufflez pas sur le potage s'il est trop chaud, attendez qu'il refroidisse. Et ne le buvez pas avec des bruits d'aspiration parfaitement déplacés.
— La *fourchette* se tient de la main droite si vous l'uti-

64 / *Le savoir-vivre au quotidien*

lisez seule, de la main gauche avec un couteau.
— Le *couteau* se tient toujours de la main droite, en appuyant l'index sur le haut de la lame, sans dépasser la virole. Ne le tenez pas comme un stylo à bille et ne le mettez jamais à la bouche, même pour un morceau de fromage. Le couteau ne s'utilise en principe jamais pour les oeufs, les gâteaux ou le pain, ni pour la salade encore que, pour ce dernier point, les lames étant rarement en acier aujourd'hui, sinon électrolysé ou inoxydable, le vinaigre n'a plus ses effets redoutables et cet usage disparaît peu à peu.
— Les *couverts à poisson* s'utilisent comme des couverts ordinaires, si ce n'est que la large lame du couteau permet de bien découper les filets du poisson, en partant de l'arête dorsale. Une fois qu'ils sont dégustés d'un côté, on retourne le poisson en s'aidant du couteau et l'on recommence de l'autre côté.

Dès que l'on a terminé un plat, on pose ses couverts dans son assiette, parallèlement, sans les croiser, les pointes de la fourchette vers l'assiette.

Les assiettes ne doivent pas être raclées ni saucées jusqu'à la dernière goutte, même en piquant un petit morceau de pain au bout de sa fourchette. Vous n'êtes pas affamé à ce point! Quant à l'assiette à potage, ne la penchez pas pour recueillir le fond, même si vous savez, comme il se doit, que la soupière ne passe qu'une fois.

Les **serviettes** ne doivent jamais être dépliées entièrement, ni évidemment nouées autour du cou, ni même glissées dans l'échancrure de la chemise. Posez-la sur vos genoux et ne la repliez pas une fois le dîner terminé: elle ne resservira pas!

Les **verres** ne se servent jamais pleins. Après avoir débouché la bouteille, le maître de maison s'en sert un fond de verre pour recueillir les éventuels petits débris de bouchon et pour goûter le vin. Ensuite, il sert ses invités en commençant par les dames. Pour boire avec élégance, il faut s'essuyer la bouche avant et après chaque gorgée, ne pas avaler de grandes rasades, ni goûter le vin scrupuleusement, à la façon des oenologues. Il y a un temps pour tout!

Ne vous montrez pas vorace et ne vous resservez pas de votre propre chef: attendez que la maîtresse de maison vous le propose. Ne vous servez pas des portions pantagruéliques et essayez de régler votre rythme de mastication sur celui de vos voisins pour ne pas toujours avoir fini le premier. A l'inverse, ne faites pas attendre tout le monde. Et ne vous léchez pas les doigts...

Si l'usage du tabac était totalement proscrit à table autrefois, il est de plus en plus toléré devant le nombre croissant de fumeurs invétérés et maintenant de fumeuses. Toutefois, ne vous hasardez pas à allumer une **cigarette** avant d'en avoir demandé la permission à la maîtresse de maison et à vos voisins et voisines de table.

Au cours du repas, s'il vous arrive de faire une **tache**, étouffez l'incident le plus discrètement possible. En revanche, si c'est l'un de vos voisins qui est victime de votre maladresse, confondez-vous en excuses et allez chercher un peu d'eau chaude ou de détachant pour réparer les dégâts.

Parler à table avec ses proches voisins est la première des courtoisies. Et même si vous êtes plus attiré par la conversation (ou le charme) de l'un d'eux, que cela ne vous empêche pas de parler aux autres. Il ne faut pas s'interpeler d'un bout de table à l'autre, ni parler à la personne située deux places plus loin en se

66 / *Le savoir-vivre au quotidien*

penchant dans le dos du voisin le plus proche. (Voir aussi «les discussions» page 75.)

Si vous êtes pris d'un déplorable **hoquet**, essayez par tous les moyens de vous en débarrasser au plus vite en ne respirant plus ou en avalant un verre d'eau. Et si, à la fin du repas, vous vous sentez un peu lourd, ne faites absolument aucune allusion à ce sujet, ce serait du plus mauvais effet. De même, si vous êtes soudainement pris d'un besoin pressant, il ne saurait en être question tout le temps que durera le repas.

Et si un malencontreux petit bout d'aliment est venu se nicher dans une de vos dents, n'espérez pas l'en déloger avec un **cure-dents**, c'est un geste abominable qui n'est d'ailleurs pas plus acceptable avec l'ongle de votre petit doigt et encore moins avec la pointe de votre fourchette ou de votre couteau!

Les aliments « à risques »...

Certains aliments se mangent d'une façon bien précise et peuvent poser quelques problèmes aux néophytes du savoir-vivre... et même aux plus avertis! Voic, par ordre alphabétique, la liste de ces aliments et la façon d'en déjouer tous les pièges.

Asperges

Logiquement, si elles sont de bonne qualité et bien préparées, les asperges ne devraient pas se terminer par une partie dure, pratiquement immangeable! C'est pourquoi, ne déguster que la partie tendre (avec votre couteau et votre fourchette...) serait une façon détournée de faire comprendre à la maîtresse de maison que ses asperges ne sont pas parfaites. Mais c'est parfois le cas. Si vous vous trouvez dans cette situation, mâchez le plus discrètement possible et avalez votre bouchée filandreuse! La maîtresse de maison, attentive au bien-être de ses invités, notera le peu de tendreté de ses légumes... et vous invitera sûrement, en s'excusant, à laisser ce que vous ne voulez pas sur le bord de votre assiette. Ce que vous ferez, bien sûr!

Crustacés et coquillages

S'ils figurent au menu, le **rince-doigts** est obligatoire. C'est une petite soucoupe, que l'on place en haut et à gauche de l'assiette, remplie d'eau additionnée de quelques gouttes de citron. Après dégustation des fruits de mer, on y trempe le bout des doigts et on s'essuie discrètement sur sa serviette.

Il faut également prévoir prévoir du pain de seigle, du beurre et un demi-citron par personne.

68 / *Le savoir-vivre au quotidien*

Les **huîtres** se mangent avec la fourchette spéciale placée à droite du couvert : on détache la chair de la coquille, on la déguste et on peut ensuite boire l'eau de l'huître. Le **homard** et la **langouste** se mangent avec des couverts à poisson... de même, malheureusement, que les **langoustines** ! Seules les **crevettes** se mangent avec les doigts, mais elles figurent rarement dans les menus chics, à moins de faire partie d'un plateau de fruits de mer. Les **oursins** se mangent à la petite cuillère.

Escargots

De la main gauche, on emprisonne la coquille avec la pince à escargots, et de la main droite, on extirpe la chair avec la petite fourchette spéciale à deux dents, puis on la mange. Mais on ne gobe pas le beurre dans la coquille ensuite... On sert très rarement des escargots dans les grands dîners car l'ail a autant d'inconditionnels que d'ennemis farouches.

Foie gras

On oublie son couteau pour manger le foie gras car il ne se tartine pas mais se déguste à la fourchette. S'il est servi en terrine, la maîtresse de maison place sur la table un pot d'eau très chaude avec une cuillère dedans. Après s'être servi, chaque invité remet la cuillère dans l'eau.

Fromages

Contrairement à ce que l'on pense, les petits et

moyens fromages ne doivent pas être présentés entamés. Le gruyère, le roquefort et le brie se découpent dans le sens de la longueur (on ne laisse pas la croûte au dernier qui se sert...), le camembert et autres petits fromages ronds se coupent en quartiers. Le plateau de fromages ne passe qu'une fois.

La maîtresse de maison doit proposer du beurre, bien que les spécialistes affirment n'en manger qu'avec le roquefort.

La fourchette ne doit servir pour aucun fromage sauf le gruyère et le chester. Pour tous les autres, on coupe un petit morceau de fromage avec son couteau, on le pose sur une bouchée de pain et on avale le tout. Ne vous faites pas de tartines!

Fruits

Les pommes et les poires se pèlent avec le couteau et la fourchette, après les avoir coupées en quatre. Le fruit ne doit pas quitter l'assiette... On le mange ensuite à la fourchette. De même pour **les pêches** et autres fruits à gros noyau, mais on ne doit pas les couper en quartiers. **Les fraises et les framboises** se servent équeutées et se mangent avec la fourchette à dessert. La peau des **oranges** et des **mandarines** doit être incisée puis, une fois le fruit dégagé, on en mange les quartiers à la fourchette dans les dîners chics, à la main entre intimes. Pour les **bananes**, il faut fendre la peau du fruit couché dans l'assiette avec son couteau en le maintenant avec sa fourchette, puis, une fois la banane dégagée, la couper en rondelles et la manger. Le **melon**, présenté en tranches, est séparé de sa peau avec le couteau et la fourchette,

70 / *Le savoir-vivre au quotidien*

puis coupé en quartiers et dégusté. S'il est présenté coupé en deux, avec ou sans porto dedans, il faut le manger à la petite cuillère. Pour les **cerises** et autres fruits à petit noyau, on crache discrètement le noyau dans le creux de sa main et on le met au bord de son assiette.

Légumes

Les feuilles des **artichauts** se mangent avec les doigts, on enlève ensuite le foin avec l'arrondi de la fourchette et on déguste le fond avec le couteau et la fourchette. Les **pommes de terre** ne doivent pas s'écraser en purée, mais se couper avec la fourchette, comme d'ailleurs la plupart des légumes.

Oeufs à la coque

On ne vous en servira jamais dans un dîner, mais ce n'est pas une raison suffisante pour ne pas savoir les manger ! Il faut les décapiter à petits coups de cuillère, jamais avec un couteau. Une fois fini, on brise délicatement la coquille, sans l'écraser. On évite ainsi qu'elle roule en desservant.

Os

On ne les prend jamais avec les doigts et on ne s'acharne pas non plus dessus jusqu'à ce qu'il n'y ait plus rien autour. Tant pis pour ce qui reste.

Savoir recevoir et être reçu / 71

Pain

Reportez-vous page 57 pour ce qui est de sa présentation. A part cela, il est très incorrect de commencer à en grignoter avant que le premier plat soit servi, de même que de faire des boulettes avec la mie à la fin du repas!

Pâtisseries

Elles ne se mangent jamais avec les doigts mais avec des couverts à dessert. Les tartes et les gâteaux doivent être découpés à table et pas avant.

Poissons

Pour ce qui est de la façon de les manger, reportez-vous page 64. Et si, par malheur, trompé par votre vue, vous avez des arêtes dans la bouche, faites comme si de rien n'était et recrachez-les très discrètement dans votre main, puis posez-les sur le bord de votre assiette.

Poulet

On prend le morceau qui est devant soi et on ne choisit pas son morceau préféré. Ce détail est valable pour toutes les volailles, le lapin et le gibier.

Salade

Reportez-vous page 64.

Sauce

Si vous désirez en reprendre, il n'y a pas d'objection, sauf si vous demandez du «jus», ce terme étant réservé aux fruits.

Soupe

A part celle de poisson, à l'oignon ou aux choux, toutes les autres doivent être appelées potages. Mais elles ne vous seront servies dans aucun grand dîner où seuls les consommés sont admis. Voir aussi page 64 pour la bonne façon de la manger.

Spaghettis

Les puristes ne mettent pas de «s» car c'est un mot italien qui exprime déjà le pluriel, mais ils font tellement partie de notre quotidien que l'on a de plus en plus tendance à franciser le mot maintenant. En tout cas, pour les manger, on doit les enrouler autour de sa fourchette et ne jamais les couper. Certains Français s'aident d'une cuillère pour les enrouler, mais les Italiens, jamais! A vous de choisir.

On passe au salon...

Une fois le dîner terminé, la maîtresse de maison se lève et annonce à ses invités que l'on passe au salon, ce qui signifie, en d'autres termes, que l'on va boire le café, déguster alcools ou liqueurs et que les amateurs pourront fumer leur cigare.

Le café

Même si vous trouvez cela plus pratique ou que vous avez peur de briser l'ambiance du dîner, ne servez jamais le café à table mais **au salon**. C'est la maîtresse de maison qui doit servir le café. Mais si on veut une deuxième tasse, il n'est pas impoli d'en redemander.

La pince à sucre ne s'emploie presque plus aujourd'hui. Servez-vous avec vos doigts. Mais si vous ne prenez qu'un demi-sucre, ne reposez jamais l'autre moitié dans le sucrier mais dans votre soucoupe.

Pour boire le café, ne laissez pas votre petite cuillère dans la tasse, prenez la soucoupe et la tasse de la main gauche et portez la tasse à vos lèvres en tenant toujours la soucoupe de la main gauche.

Alcools et liqueurs

Cette fois, c'est le maître de maison qui fait le service. Les hommes ont généralement un petit penchant pour les alcools forts comme le cognac, l'armagnac ou les eaux de vie de fruits. Quant aux

74 / *Le savoir-vivre au quotidien*

femmes, elles ont la réputation de préférer les liqueurs, plus douces au palais.

Elles se servent à la température de la pièce, parfois avec de la glace pilée pour les plus sucrées. Seules les eaux de vie se servent fraîches.

Le cigare

C'est l'heure, paraît-il, où on l'apprécie le plus. Les inconditionnels en sortiront certainement quelques-uns de leur poche, mais le maître de maison peut également avoir fait une petite réserve dans sa boîte équipée d'un humidificateur pour en offrir à la ronde... et pas seulement aux messieurs, même s'ils sont les principaux amateurs.

Fumer le cigare est tout un art, pliez-vous donc aux rites. D'abord, **on retire la bague**, puis, sans glisser une allumette dans le cigare pour mieux le caler dans la bouche, **on coupe le bout** avec un coupe-cigare ou, à défaut, avec les dents. Ensuite, on l'allume **avec une allumette** et non pas un briquet et on essaye de ne pas le laisser s'éteindre. Si cela arrive, on ne doit pas le rallumer, même si de nombreux fumeurs le font. En principe, on inhale la fumée mais on ne l'avale pas comme celle des cigarettes.

Les rafraîchissements

Une heure ou deux plus tard, la maîtresse de maison offrira des rafraîchissements, jus de fruits ou autres boissons sans alcool et ce sera ensuite implicitement le signal du départ... Il est extrêmement mal vu de «s'incruster» et d'attendre que ses hôtes multiplient les bâillements étouffés pour se lever, remercier sans effusions exagérées et partir.

Les discussions

Tout le monde le sait, il y a trois sujets de conversation qu'il faut éviter comme la peste dans un dîner : ce sont la politique, la religion et le sexe. Ces thèmes brûlants ne peuvent être abordés qu'entre intimes qui connaissent déjà leurs points de vue réciproques. Mais, à part ces sujets tabous, il y en a d'autres qui n'entraîneront pas de drames, mais qui ne sont pas du meilleur effet. Vos petites maladies, par exemple. Vos ennuis gastriques, maux de tête, de jambes ou d'ailleurs n'intéressent que vous. Epargnez également aux autres convives vos souvenirs d'armée, de guerre et toutes les anecdotes qui s'y raccrochent. Les «blagues», ou histoires soi-disant drôles, sont aussi délicates à manier. Si une ou deux sont éventuellement tolérables, tout un répertoire est particulièrement pesant.

De même, n'émaillez pas toutes vos phrases de proverbes, clichés, banalités et platitudes qui ennuient tout le monde. A l'inverse, n'étalez pas non plus votre culture à grands renforts de références et de citations, vous n'êtes pas là pour faire une conférence. Vous risqueriez de passer soit pour un prétentieux, soit pour un personnage ennuyeux.

Ne vous complaisez pas non plus dans les ragots. Dire du mal des autres est certes très amusant, vous vous taillerez d'ailleurs sûrement un franc succès, mais si c'est votre spécialité, votre auditoire n'aura aucun mal à imaginer ce qui se passera dès qu'ils auront le dos tourné...

Ne soyez pas péremptoire ni tyrannique, tout le monde a le droit d'avoir son avis, même si ce n'est pas le vôtre.

Si vous parlez sans réfléchir, il peut vous arriver de faire des lapsus dits révélateurs qui, en général, font rire tout le monde. En revanche, si vous faites une gaffe, cela jettera inévitablement un froid dans l'atmosphère et il n'y a pas grand-chose à faire sinon passer le plus rapidement possible à autre chose. N'essayez pas de vous rattraper, ce serait encore pire.

La langue anglaise s'immisce de plus en plus dans notre quotidien. Certains trouvent même que cela les valorise et les anglicismes se multiplient. Ne faites pas partie de ceux-là, les excès sont toujours énervants.

A propos d'anglicisme, il existe un mot qui exprime une attitude dont il ne faut pas abuser: «namedropper». Littéralement, laisser tomber des noms, c'est-à-dire profiter de toutes les occasions pour placer dans la conversation le nom des célébrités ou personnages importants qui font partie de vos relations... Ne soyez pas mythomane ou vantard, il arrive toujours un moment où la vérité se sait.

Mais il n'y a pas seulement ce que l'on dit qui est important, il y a aussi la façon dont on le dit, le langage que l'on emploie. L'argot se démode très vite et, au lieu de passer pour un original, vous pourriez passer pour un «ringard». Quant aux «gros mots», certains ont passé victorieusement la barre des bonnes manières, comme «merde» et tous ses dérivés, mais ce n'est pas une raison pour les employer sans arrêt. Choisissez un langage simple, n'utilisez que des mots dont vous êtes sûr du sens, n'en inventez pas, laissez ce soin aux écrivains, et n'abusez pas des onomatopées, ces bruitages plus ou moins élégants dont les enfants et les publicitaires se servent pour imager leurs paroles.

Enfin, surveillez votre attitude : pas de grands gestes inconsidérés, pas de mimiques ou de grimaces d'un goût douteux, pas d'yeux au ciel si vous n'êtes pas d'accord... N'attirez pas non plus l'attention de votre interlocuteur d'un léger coup de coude ni ne lui tenez le bras (ou la jambe) pour mieux le captiver.

Mais alors, avec toutes ces recommandations, mieux vaut encore se taire pour ne pas faire d'impair ! Bien sûr que non. Il faut simplement être naturel, ne pas dire n'importe quoi et manier l'humour avec parcimonie... Et puis, on peut toujours parler d'astrologie, on évite les drames à coup sûr !

Les cocktails, les lunchs

Lorsqu'on désire inviter un nombre de personnes trop important pour un dîner, la solution du cocktail ou du lunch est excellente. Dans les deux cas, le principe est le même : une grande table (le buffet) où se trouve disposé à l'avance tout ce qu'il y aura à manger. Les bouteilles seront, elles, renouvelées au fur et à mesure. **Les invités se servent eux-mêmes**, les maîtres de maison leur sont donc entièrement consacrés. Si vos moyens vous le permettent, vous pouvez louer les services d'un barman pour les boissons, c'est évidemment plus chic.

Sur le buffet, prévoyez tout un assortiment de petits canapés que vous aurez confectionnés vous-même ou qu'un traiteur se sera fait un plaisir de préparer pour vous. Et puis, il faut prévoir des amuse-gueule salés et sucrés et des petits fours. On compte entre dix et quatorze pièces sucrées et salées par personne.

Quant aux boissons, vous prévoirez tout un assortiment d'alcools classiques, plus du champagne, sans oublier les jus de fruits, sodas, eaux gazeuse et plate. Si votre budget vous autorise à n'offrir que du champagne comme boisson alcoolisée, il faut prévoir une demi-bouteille par personne... Une solution moins onéreuse, et de plus en plus appréciée aujourd'hui, est de préparer un gigantesque punch. Toujours sans oublier les boissons non alcoolisées, bien entendu.

Savoir recevoir et être reçu / 79

N'oubliez pas de mettre sur la table des assiettes (même en carton) et des serviettes pour ceux de vos invités qui voudraient se préparer un petit assortiment de canapés pour aller s'asseoir ou discuter tranquillement, loin de la cohue du buffet.

Les maîtres de maison doivent impérativement **présenter les personnes seules** aux petits groupes déjà formés de gens qui se connaissent. De même, ils doivent circuler de groupe en groupe et ne pas se consacrer toujours aux mêmes personnes.

Si vous voulez vraiment inviter beaucoup de monde, il vaut mieux louer un **vestiaire**, c'est moins cher qu'on ne le pense, et quelle tranquillité d'esprit pour vos invités!

Les soirées

On invite ses amis à une soirée, plus jamais à une soirée dansante, à moins d'être terriblement vieux jeu. Mais il ne peut y avoir d'équivoque : à une « soirée », on danse toujours !

Il faut prévoir un **buffet** du même type que celui proposé lors des cocktails et lunchs (voir page 78), mais prévoir une quantité beaucoup plus importante de boissons sans alcool, car danser donne soif et il n'est pas recommandé de boire de l'alcool au rythme de sa soif. On peut avoir la tête qui tourne, être gai ou volubile, mais sombrer dans un coin ou, pire, être malade, ce n'est pas un souvenir que l'on a plaisir à laisser de soi.

Si vous organisez cette soirée à l'occasion de votre anniversaire, ne le clamez pas partout. Vos intimes s'en souviendront certainement et vous offriront un cadeau, mais vous gêneriez tout le monde en rendant ce cadeau obligatoire... De toute façon, si vous n'avez pas précisé le motif de cette soirée, vos invités arriveront sûrement avec une petite attention : quelques fleurs, une bouteille ou un petit cadeau.

Autrefois, il était impensable d'imaginer une femme dansant seule ou invitant un homme à danser. Aujourd'hui, **danser** seul est courant pour les deux sexes et une femme sait très bien se faire comprendre si elle a envie de danser, sans que ce soit cho-

Savoir recevoir et être reçu / 81

quant. Quand un homme invite une femme, il doit alors le faire dans les règles de l'art, même si c'est pour danser seuls... ensemble! Il n'invite pas d'un geste ou d'un signe de tête, il écrase sa cigarette et donc, ne fume pas en dansant.

Si on ne sait pas danser, on le dit simplement, sans timidité, il n'y a pas de honte à cela. En revanche, si on danse très bien, ce n'est pas une raison pour se donner en spectacle, vous n'êtes ni à une exhibition ni à un concours de danse. A la fin du morceau, l'homme remercie sa cavalière et la raccompagne à sa table.

Si vous n'avez pas les moyens de vous payer un **orchestre** pour l'occasion, essayez malgré tout de vous offrir les services d'un **disc-jockey**: ils savent parfaitement doser les musiques et éviter que les ambiances ne retombent. De plus, ils ont l'habitude de varier les styles pour plaire à un maximum de personnes.

L'idée du **vestiaire** est à envisager sérieusement (voir page 79).

Le jeu

Ne croyez pas que les «bridges» hebdomadaires qu'organisaient nos grands-parents avec leurs amis, à tour de rôle, aient disparu des habitudes. Les invitations «à jouer» ont cours maintenant à tous les âges. Simplement, ce n'est plus le bridge qui est la grande vedette des jeux. Parmi les plus prisés, on trouve les tarots, le poker qui revient en force, les jeux de rôles qui ont révolutionné les années 80 et, depuis quelque temps, le Trivial Pursuit qui a un succès fou.

Tous ces jeux ont en commun que, pris dans le feu de l'action, on y passe des heures, voire même des nuits entières. Si vous organisez ces parties chez vous, il n'est donc pas question de laisser les joueurs mourir de faim ou de soif. La passion du jeu coupe bien souvent l'appétit et, surtout, on ne veut pas perdre de temps autour d'une table pour manger. Préparez donc à l'avance, sur une table roulante, des petites choses faciles à grignoter comme des canapés et des gâteaux, ou bien un beau **plateau de fromages**. Quant aux boissons, disposez-les également sur la table roulante, sans oublier les amateurs de boissons sans alcool. Prévoyez beaucoup de glaçons dans un seau à glace isotherme.

Si vous jouez aux cartes, ne présentez pas un jeu sale ni, surtout, écorné. Attendez que la personne qui distribue ait fini de le faire avant de ramasser vos cartes. Ne réfléchissez pas un temps fou entre chaque coup. Ne regardez pas subrepticement le jeu de vos voisins et ne vous mettez pas en colère contre votre partenaire si la partie est perdue, pensez-vous, à cause de lui... même si c'est vrai! Un jeu doit rester un jeu. Sachez garder votre fair-play, ne créez ni drame ni scandale. Apprenez à perdre, mais aussi à gagner: un excès d'enthousiasme serait mal vu. Si vous vous montrez mauvais joueur, vous ne serez probablement jamais réinvité à ce genre de réunion.

Les remerciements

Lorsque vous avez été invité quelque part, en quittant vos hôtes, vous devez les remercier, sans effusions exagérées. Mais ce n'est pas tout. Le lendemain, soit vous passez un petit coup de **téléphone** pour dire combien vous avez été content de votre soirée, comme le dîner était réussi, etc., soit, si la réception était plus mondaine, vous envoyez un **petit mot**.

N'oubliez pas non plus, lorsqu'il vous sera possible de le faire, de **rendre la politesse** (voir page 54-55), c'est-à-dire d'inviter à votre tour les personnes qui vous ont invité.

Les **fleurs** sont un très agréable mode de remerciement. Si vous êtes invité à dîner, trois solutions s'offrent à vous. Soit vous les faites porter avant le dîner, soit vous les apportez avec vous, si vous allez chez des intimes, (ces deux premiers cas n'excluent pas les remerciements futurs), soit, enfin, vous les faites livrer le lendemain. Dans les deux cas où vous n'offrez pas les fleurs vous-même, pensez à joindre une petite carte de visite au bouquet. Enfin, sachez que les roses s'offrent en nombre impair, que l'on n'offre pas de roses rouges à une jeune fille, que certaines fleurs ne s'offrent pas (les chrysanthèmes) et que d'autres ont la réputation de porter malheur (les oeillets).

Si on vous offre des fleurs, remerciez, bien sûr, et allez immédiatement les disposer dans un vase.

Savoir recevoir et être reçu / 85

Si vous allez pour la première fois chez quelqu'un, l'usage veut que l'on arrive les mains vides. Ce qui ne vous empêchera pas de remercier le lendemain matin.

Aujourd'hui, on ne choisit plus les fleurs en fonction du message que l'on désire faire passer, à travers leur poétique langage. Mais pourquoi ne pas remettre cette charmante coutume à la mode? Voici leurs secrets.

Anémone: *pourquoi m'avez-vous abandonné?*
Aubépine: *il vous est permis d'espérer.*
Bleuet: *je vous suis fidèle.*
Bouton d'or: *vous êtes une ingrate.*
Capucine: *je brûle d'amour.*
Colchique: *les beaux jours sont finis.*
Cyclamen: *nos plaisirs sont enfuis.*
Ephémère: *chaque jour je vous découvre.*
Géranium citronné: *vous me tyrannisez.*
Géranium rose: *je m'étiole loin de vous.*
Giroflée: *je suis déçu.*
Gui: *notre liaison est dangereuse.*
Hortensia: *vous êtes belle mais indifférente.*
Immortelle: *je vous aime pour la vie.*
Iris: *vous êtes inconstante.*
Jasmin: *vous enivrez mes sens.*
Jonquille: *je vous désire*
Lavande: *répondez-moi.*
Lilas: *mon amour s'éveille pour vous.*
Lis: *vous êtes pure.*
Marguerite: *adieu...*
Marjolaine: *séchez vos larmes.*
Muguet: *soyons heureux.*
Myosotis: *ne m'oubliez pas.*
Narcisse: *vous n'aimez que vous-même.*

86 / *Le savoir-vivre au quotidien*

Oeillet: *vous avez une rivale.*
Pâquerette: *vous êtes jolie.*
Pavot: *vous éveillez mes soupçons.*
Pensée: *je ne pense qu'à vous.*
Pervenche: *vous êtes mon premier amour.*
Pivoine: *je suis confus.*
Pois de senteur: *vous êtes raffinée.*
Primevère: *j'ai envie d'aimer.*
Reine-marguerite: *m'aimez-vous?*
Renoncule: *vous avez toutes les séductions.*
Rose blanche: *votre beauté est innocente.*
Rose jaune: *vous êtes volage.*
Rose rouge: *mon amour est ardent.*
Scolopendre: *je suis timide.*
Souci: *je suis jaloux.*
Tulipe: *mon amour est sincère.*
Violette: *vous êtes modeste.*
Volubilis: *je vous couvre de caresses.*
Zinnia: *tenez-vous sur vos gardes.*

CHAPITRE IV

Les relations avec autrui

Les cadeaux, les étrennes

Il existe deux sortes de personnes à qui vous faites des cadeaux : les intimes et les autres. Lorsque vous offrez quelque chose à **l'un de vos proches**, ce peut être à l'occasion d'une fête, d'un anniversaire, de Noël, ou sans occasion du tout, simplement pour faire plaisir. Le choix des cadeaux est infini : vous connaissez les gens que vous aimez mieux que personne et saurez leur trouver ce qui leur fera le plus plaisir. En revanche, si vous devez offrir un cadeau à **quelqu'un de vos relations**, il vaut mieux rester dans les banalités plutôt que risquer un échec : fleurs, confiseries, éventuellement livres (des prix littéraires) ou disques classiques. Ne vous aventurez pas trop, car votre cadeau pourrait très bien finir au fond d'une armoire... ou offert à quelqu'un d'autre ! Si vous voulez, malgré tout, risquer un objet décoratif, choisissez plutôt quelque chose qui se casse ; ainsi, la personne pourra toujours invoquer sa maladresse si l'objet n'est pas en évidence la prochaine fois que vous viendrez.

Si vous faites faire un **paquet-cadeau** par le commerçant qui vous aura vendu l'objet, il pensera à enlever le prix car il a l'habitude. Mais si vous faites le paquet vous-même, pensez surtout à ce détail. Choisissez un joli papier avec un bolduc assorti et soignez la confection du paquet.

Les relations avec autrui / 89

Si on vous offre un cadeau, **ouvrez-le immédiatement** devant la personne qui vous l'a offert, admirez-le, félicitez la personne pour son choix et remerciez. Si l'on vous offre des gourmandises, ouvrez la boîte, offrez-en autour de vous et prenez-en une vous-même. Montrez que vous savourez, et remerciez. De même pour une bonne bouteille : ne lui faites pas prendre le chemin de la cave...

Si le cadeau vous a été **déposé à domicile ou envoyé par la poste**, remerciez le plus rapidement possible par une petite lettre, au plus tard huit jours après réception du présent. Et si vous souhaitez, à votre tour, faire plaisir à la personne qui vous a fait parvenir ce cadeau, en lui en faisant un aussi, attendez pour cela une occasion : son anniversaire, le jour de l'an, etc.

Quant aux **étrennes**, c'est la petite enveloppe qu'on glisse subrepticement, au moment du nouvel an, à sa femme de ménage, à sa concierge, au facteur (avec le traditionnel calendrier des postes) et aux éboueurs. Les sommes varient selon votre budget, votre générosité et les relations que vous entretenez (ou pas) avec lesdites personnes. Si vous avez une employée de maison à demeure chez vous, considérez ces étrennes comme son treizième mois.

La correspondance

Même si le téléphone a considérablement allégé la tâche des facteurs, le courrier reste malgré tout essentiel dans nos relations avec autrui. Et pas seulement pour les démarches administratives, mais également pour les invitations, les remerciements, les faire-part, les félicitations, les condoléances, les affaires et, bien sûr, les lettres d'amitié ou d'amour. On a souvent du mal à s'y mettre, mais après avoir cacheté l'enveloppe, on est beaucoup plus satisfait de soi qu'après un coup de fil. Mais attention, une lettre peut nous trahir! En suivant ces principes très simples, vous ne commettrez jamais d'impair.

Le choix du papier à lettre

Si vous voulez être sûr de ne pas vous tromper, choisissez du papier à lettre blanc, grand format, sans lignes ni quadrillages. Vous pouvez faire imprimer vos nom, adresse et numéro de téléphone en haut et à gauche de votre papier. Une femme n'indiquera que ses coordonnées professionnelles. Et si vous aimez le papier fantaisie ou de couleur, réservez-le pour vos intimes.

Le choix du stylo

Avoir un stylo à plume est essentiel pour toutes les lettres importantes, ou à la rigueur un feutre de bonne qualité qui ressemble à la plume. Le stylo bille ne peut convenir que pour les intimes. Les couleurs d'encre les plus classiques sont le bleu et le noir, au choix. On utilise maintenant parfois des encres en harmonie avec son papier à lettre, ce peut être très raffiné et élégant, mais ne convient pas pour les lettres administratives ou officielles. Dans tous les cas, proscrivez l'encre rouge, sauf si vous êtes professeur!

L'écriture

Chacun a la sienne propre, simple ou recherchée, nette ou griffonnée, claire ou illisible. Même si cela vous demande un effort, essayez d'être le plus lisible possible et, en tout cas, ne faites ni taches, ni ratures, ni gommages, ni surcharges. Si c'est le cas, refaites votre lettre.

Le style

Vous n'êtes pas La Bruyère, personne ne vous en voudra donc d'avoir un style simple pourvu qu'il soit clair, explicite et naturel. Ne vous perdez pas dans des phrases trop longues, faites attention à votre grammaire et à l'orthographe. Au besoin, faites un brouillon.

92 / *Le savoir-vivre au quotidien*

La lettre proprement dite

Datez votre lettre en haut à droite de la feuille et indiquez l'endroit d'où vous écrivez. Selon la personne à qui vous vous adressez, vous choisirez l'une des formules suivantes : Monsieur, Madame, Cher Monsieur, Chère Madame, Cher Ami, Chère Amie, Cher Paul, Chère Christine, Ma chère Christine, Paul chéri, Mon Amour, Bonjour!... Mais n'écrivez jamais Mon Cher Monsieur et encore moins Cher Monsieur Morvan. Cet en-tête doit être placé quelques lignes sous la date, au milieu de la feuille.

Une lettre ne doit jamais commencer par «Je» ou par un participe présent. Laissez une marge plus importante à gauche qu'à droite, et n'abusez pas des mots coupés par un tiret en fins de lignes. N'oubliez pas de faire des paragraphes bien distincts en revenant à la ligne chaque fois que vous abordez une nouvelle idée.

A part pour les lettres d'affaires, n'écrivez jamais à la machine, sauf si vraiment votre écriture est trop illisible, auquel cas vous écrirez un petit mot d'excuse à la main, en bas de votre lettre.

Si une feuille ne suffit pas à votre prose, vous pouvez en prendre une seconde, mais également écrire derrière la première.

Les formules de politesse

On reprend généralement la même appellation que celle utilisée pour l'en-tête. Tout d'abord, voici les différents cas à appliquer lorsque c'est un **homme** qui écrit.
— *A un supérieur* : «Veuillez agréer, Monsieur,

l'expression de mes sentiments respectueux (fidèles ou dévoués)», «l'expression de ma respectueuse gratitude», «l'expression de mon plus grand respect».
— *A un égal*: «Recevez, Monsieur, je vous prie, l'assurance de mes sentiments distingués», «Veuillez croire, Monsieur, à ma considération distinguée», «Recevez, Cher Ami, mon souvenir le meilleur».
— *A un homme plus âgé*: «Veuillez agréer, Monsieur, l'expression de mes sentiments respectueux».
— *A une femme*: «Veuillez agréer, Madame, l'hommage de mon profond respect», «Recevez, Chère Amie, l'expression de mes hommages respectueux» ou «l'assurance de ma respectueuse amitié».
— *A un homme marié*, il doit ajouter: «Veuillez présenter mes hommages respectueux à Madame Morvan».

Voici à présent les différents cas à appliquer lorsque c'est une **femme** qui écrit.
— *A un homme*, le mot «sentiment» doit être proscrit, sauf si elle s'adresse à un écclésiastique. En revanche, elle peut parler de «ses souvenirs les meilleurs» ou «amicaux», «l'expression de sa vive admiration», «sa considération distinguée» ou «sa parfaite considération».
— *A une autre femme*: «Recevez, Chère Madame, mes sentiments les meilleurs» ou «mon souvenir le meilleur» ou «ma parfaite considération» ou «l'expression de mes sentiments distingués».
— *A une femme plus âgée*: «Recevez, Chère Madame, mes sentiments les plus respectueux» ou «les plus déférents» ou «Permettez-moi de vous assurer, Madame, de ma déférente amitié».

Inscrivez enfin votre **signature** quelques lignes plus bas que la fin de votre lettre, à droite. Et, si elle est illisible, mettez votre nom en toutes lettres en dessous.

N'abusez pas des **post-scriptum**, un seul est amplement suffisant.

L'enveloppe

Elle doit être assortie à votre papier à lettre. Fiez-vous aux **formats réglementaires** imposés par les P.T.T., il en existe plusieurs. Ecrivez Monsieur, Madame ou Mademoiselle en toutes lettres, jamais en abrégé, suivi du nom de famille de la personne, puis l'adresse, le code postal, la ville et, éventuellement, le pays. Le mot «Veuve» ne figure jamais sur une adresse. Une fois tout cela écrit très lisiblement, vous collez un timbre sur l'enveloppe, en haut et à droite, les fantaisies en ce domaine sont très mal vues et impolies.

Si vous confiez une lettre à quelqu'un pour qu'il la donne en main propre à celui ou celle à qui vous la destinez, ne cachetez pas l'enveloppe. Si cette personne est bien élevée, elle la cachettera elle-même, devant vous, lorsque vous la lui aurez remise.

Mettre son nom et son adresse au dos de l'enveloppe ne se fait que pour les lettres administratives, le courrier à destination de l'étranger ou lorsque vous n'êtes pas sûr de l'adresse du destinataire et que vous souhaitez voir revenir la lettre si elle n'est pas distribuée.

Les cartes de visite

Les cartes de visite sont un outil très pratique à une époque où tout va vite. Elles permettent, en quelques mots, de dire l'essentiel, ce qui fait gagner un temps précieux à tout le monde.

Les cartes de visite privées

Elles sont de deux sortes. Soit **de petit format** (en général 9,5 x 5,5 cm), elles servent alors à accompagner un cadeau, des fleurs ou tout simplement pour s'échanger les adresses. Celles-ci ne peuvent être envoyées par la poste. Soit du **format réglementaire**, imposé il y a quelques années par les P.T.T. (en général 14 x 9 cm, jusqu'à 14,8 x 10,5 cm). Celles-ci peuvent être envoyées par la poste. Elles servent à écrire quelques mots de remerciement, de félicitation, fixer un rendez-vous ou exprimer des voeux. Dans les deux cas, optez pour le blanc et les caractères d'imprimerie classiques.

Les **jeunes filles** doivent faire imprimer leurs nom et prénom, mais pas leur adresse ni leur numéro de téléphone. Les **femmes mariées** font imprimer «Madame», suivi du prénom et du nom de leur mari. Le mot «**Veuve**» ne doit jamais figurer. Les **femmes séparées** inscrivent «Madame» suivi de leur prénom, puis du nom de leur mari. Les **femmes divorcées**

«Madame», suivi de leur prénom et de leur nom de jeune fille. Les **hommes** font imprimer leur prénom et leur nom, leur adresse et numéro de téléphone. Ils peuvent même faire figurer leurs titres et grades mais pas leurs décorations. Les **couples** doivent inscrire «Monsieur et Madame» en abrégé (M et Mme), suivi du prénom et du nom du mari, avec, s'ils le souhaitent, leurs titres et grades, ainsi qu'adresse et numéro de téléphone. Dans le cas d'une carte de visite «jumelée», la femme ne devra pas s'en servir pour lancer ses propres invitations : elle en fera imprimer pour elle.

Les cartes de visite professionnelles

C'est souvent l'entreprise pour laquelle vous travaillez qui vous imposera le modèle de la carte. Les jeunes filles peuvent faire imprimer leur adresse et numéro de téléphone professionnels.

Comment les rédiger

Vous devez vous exprimer **à la troisième personne, ne pas dater ni signer** et, en principe, ne rien inscrire au verso. Mais il est admis de barrer son nom d'un trait en diagonale : vous pourrez alors dire «Je» et signer de vos initiales.

Les cartes de voeux

Même si des formules toutes faites sont imprimées sur ce genre de cartes, vous devez exprimer vos voeux avec vos propres mots. Vous ne devez jamais dépasser le 31 janvier pour envoyer lesdites cartes, souvent considérées comme le pensum de l'année...

Le téléphone

C'est le moyen de communication à distance le plus rapide et le plus pratique, mais vous risquez de déranger. Alors, à moins d'un cas de force majeure, **respectez les horaires** imposés par la plus élémentaire des courtoisies. Jamais avant 8 heures du matin chez les gens qui travaillent, avant 10 heures chez ceux qui ne travaillent pas et, le soir, après 22 heures, sauf, éventuellement, chez les intimes. Jamais à l'heure des repas, car vous dérangez forcément, et, le dimanche matin, évitez d'appeler avant 10 ou 11 heures.

Lorsque vous appelez quelqu'un, essayez **d'être bref** : ne vous éternisez pas au téléphone car il est impoli de bloquer une ligne trop longtemps. De plus, sachez que celui qui appelle doit, en principe, mettre fin à la conversation. C'est également lui qui doit rappeler si la communication a été coupée.

Une règle d'or, même avec les intimes : **présentez-vous immédiatement**. Il est très impoli de laisser planer le doute sur son identité. Si c'est évident, dites «C'est moi!». De même, si la personne qui répond n'est pas celle à qui vous vouliez parler, la formule type est : «Bonjour, ici Camille Durand, pourrais-je parler à Pierre Lambert, s'il vous plaît?» Les hommes ne doivent pas dire «Ici Monsieur Lambert», mais «Ici Pierre Lambert». Les femmes mariées peuvent dire «Ici Madame Lambert».

98 / *Le savoir-vivre au quotidien*

Si vous téléphonez à une heure «à risque», demandez si vous ne dérangez pas, ou à quelle heure vous pouvez appeler sans déranger.

Si personne ne répond à l'autre bout du fil, ne laissez pas le téléphone sonner trop longtemps. En ville, la moyenne est de huit coups, un peu plus si vous appelez dans un bureau ou chez quelqu'un qui vit dans une maison avec un jardin.

Même si vous êtes au comble de la mauvaise humeur, ne «raccrochez pas au nez» de votre interlocuteur. Un «au revoir» très sec est de loin préférable!

Et si vous avez affaire à un **répondeur téléphonique**, exposez très brièvement le motif de votre appel, en style télégraphique. Si vous êtes le propriétaire de l'appareil en question, ne vous en servez pas pour filtrer en permanence tous vos appels: ce n'est pas très plaisant pour vos amis. Ne le faites que lorsque vous avez un travail à faire pour lequel vous ne voulez pas être dérangé. Quant au message, préférez le fonctionnel à l'humour: dites simplement l'essentiel, mais ne donnez pas de précision si vous vous absentez plusieurs jours. Les cambrioleurs éventuels seraient ravis de l'apprendre...

Les formules verbales de politesse

En principe, il n'y a rien de plus simple que de dire «Bonjour» et «Au revoir». Et pourtant, certaines règles de politesse s'imposent, certains mots s'emploient, d'autres pas.

Si l'on s'adresse à quelqu'un que l'on n'appelle pas par son prénom, on dira «Bonjour Monsieur», «Au revoir Madame» ou inversement. Mais jamais «Bonjour Monsieur Dupont» ou «Au revoir Madame Martin». Ce type d'entorse au langage ne peut être éventuellement accepté que dans le cadre du travail. Faut-il préciser qu'un «Bonjour» collectif ne sera jamais «Bonjour M'sieurs dames» et qu'un «Au revoir» ne sera jamais suivi d'un «Au plaisir» ni d'un «A la prochaine»...

Un homme que l'on présente à une femme mariée dira «Mes hommages Madame», s'il est extrêmement poli, mais certainement pas «Enchanté». Deux personnes qui se sont déjà rencontrées diront «Bonjour, comment allez-vous?», une question qui ne se pose pas quand on se rencontre pour la première fois. Si un couple se présente à d'autres personnes, l'un des deux dira «Ma femme» ou «Mon mari», suivi éventuellement du prénom, mais jamais «Mon épouse» ou «Mon époux».

100 / *Le savoir-vivre au quotidien*

Si on vous dit «Puis-je me servir de votre cendrier», vous répondrez «Je vous en prie», mais pas «Faites donc». Si quelqu'un vous remercie pour quelque chose, répondez également «Je vous en prie» et non pas «De rien».

N'hésitez pas à user et abuser du mot «Pardon», que ce soit dans la rue, si vous bousculez quelqu'un, dans l'ascenseur ou chaque fois que vous risquez de gêner autrui par l'un de vos gestes.

Les enterrements

Lorsque l'on est amené à se trouver confronté à la mort de quelqu'un, l'attitude que l'on doit adopter dépend du degré de relation entretenu avec la personne décédée. Les parents les plus proches et les amis intimes sont prévenus par téléphone ou télégramme. Il faut réagir immédiatement en faisant une courte visite quand on habite la même ville ou, quand on habite trop loin, en téléphonant ou en envoyant un télégramme. Une parole de réconfort, un mot affectueux sont toujours les bienvenus dans ces cas-là.

Les **faire-part** sont envoyés quelques jours avant l'enterrement si la famille désire réunir les amis du défunt lors de cette cérémonie. Si elle préfère rester dans l'intimité, ils seront envoyés quelques jours après. Ils sont imprimés sur un bristol blanc encadré de gris ou de noir. Toute la famille doit y figurer. D'abord le mari ou la femme, puis les enfants, les beaux-enfants, les parents, les petits-enfants en commençant par l'aîné, les frères et soeurs, les beaux-frères et belles-soeurs et leurs enfants, les cousins germains et enfin, les cousins éloignés... ont la douleur de vous faire part du décès de ... suivi de ses titres, fonctions et, éventuellement, décorations. Puis viennent son âge, le lieu et la date de sa mort, et l'endroit où se déroulera (ou s'est déroulé) l'enterrement.

On peut également annoncer le décès par **voie de**

102 / *Le savoir-vivre au quotidien*

presse, ce qui peut faire office de faire-part lorsque l'on a de très nombreuses relations à prévenir.

Quand on reçoit un faire-part de deuil ou que l'on apprend la nouvelle dans un journal, il faut envoyer une **lettre de condoléances** dans les 48 heures. Pour vos relations, envoyez une carte de visite exprimant vos sincères condoléances à l'occasion du deuil qui les frappe. Pour vos proches, envoyez un petit mot plus affectueux. Mais, dans tous les cas, ne sombrez pas dans le lyrisme : soyez bref et dans le ton qui convient.

Sauf s'il est mentionné sur le faire-part « Ni fleurs ni couronnes », vous pouvez en envoyer avec une simple carte de visite, sur le lieu de la levée du corps ou à l'église. S'il s'agit d'un enfant ou d'un adolescent, choisissez des fleurs blanches ou de couleur pâle.

Le jour de l'enterrement, la famille porte le deuil et les autres personnes qui assistent à la cérémonie doivent s'habiller sobrement, en proscrivant les couleurs voyantes. A la sortie de l'église et du cimetière, pas de mondanités. Seules les condoléances verbales viendront réconforter la famille. A moins de ne pouvoir faire autrement, évitez d'amener des enfants au cimetière.

La cérémonie est souvent suivie d'un **repas** qui réunit les proches parents de la personne disparue. En effet, certains sont parfois venus de loin pour y assister et manifester, par leur présence, leur affection à la famille. Le menu sera simple, sobre et on évitera mondanités, éclats de rire et échanges de photos...

Dans les jours suivant les obsèques, la famille remerciera toutes les personnes qui auront manifesté leur sympathie en envoyant leurs condoléances, des fleurs, ou en ayant assisté à la cérémonie. Pour ce faire, elle enverra un petit mot manuscrit ou fera imprimer une petite carte avec une formule type de remerciements. Encore une fois, elle peut également publier un entrefilet dans la presse.

Porter le deuil n'est plus aujourd'hui aussi systématique qu'autrefois, surtout à Paris. En province, les traditions sont plus ancrées. Mais même si on décide de ne pas porter le deuil, la moindre des choses, quand on a perdu quelqu'un de très proche, est de savoir afficher une certaine décence. Mais «le véritable deuil se porte dans le coeur» et la décence n'est pas seulement dans les vêtements que l'on porte.

Si vous êtes victime d'un affront

Un affront peut être plus ou moins grave et ressenti différemment selon qu'il est intentionnel ou accidentel. Ce peut être un simple manquement à la politesse ou, au contraire, un affront délibéré. Dans tous les cas, il vaut mieux éviter de faire un esclandre et essayer de se renseigner discrètement sur cet état de chose.

Si l'affront est **involontaire**, l'auteur s'en excusera d'autant plus volontiers que l'affaire n'aura pas pris des proportions regrettables. S'il est **intentionnel**, il suffira tout simplement de rompre toute relation avec l'intéressé, ce qui ménagera bien plus votre dignité que si vous vous laissez aller à en venir aux mains. L'époque où l'on lançait son gant à la face de quelqu'un pour le provoquer en duel est bien révolue !

De votre côté, ne cherchez pas querelle pour un oui ou pour un non. Sachez garder votre sang-froid et ne réagissez pas violemment dès que l'on vous bouscule ou que l'on vous dit un mot déplaisant. Un peu plus de flegme, comme le manient si bien nos voisins d'outre-Manche, éviterait bien des hargnes pendant les embouteillages et les nerfs de tout le monde s'en porteraient bien mieux !

Le personnel de maison

Plus personne ne parle de domestiques ou de sa «bonne». D'ailleurs, rares sont encore les familles qui peuvent s'offrir les services de plusieurs employés de maison. En revanche, de nombreuses familles ont une **femme de ménage**. On peut également avoir l'occasion de louer les services des «extra», pour un grand dîner ou une soirée.

Quand on a la chance de pouvoir employer des gens de maison, il est indispensable de les traiter avec égards. Même si cela semble évident, c'est loin d'être toujours le cas. Adressez-vous à eux avec gentillesse mais sans familiarité, et ne leur faites pas d'observations en public. Sachez remercier et féliciter pour un travail particulièrement bien fait. Lorsque vous avez un ordre à donner, faites-le simplement, sans prendre d'airs hautains. Si vous n'êtes pas satisfait du travail accompli, faites-le savoir fermement mais sans critiquer en permanence tous leurs faits et gestes. Mieux vaut dans ce cas annuler le contrat passé avec eux.

Si vous avez une **jeune fille au pair**, elle vous doit quelques heures de service par jour pour s'occuper des enfants ou préparer leurs repas, mais certainement pas assumer de gros travaux de ménage.

Si vous allez en week-end **chez des amis** qui emploient des gens de maison, vous pouvez dire un petit mot gentil à la cuisinière et lui glisser discrètement un billet (50 F minimum pour un week-end).

CHAPITRE V

Dans les lieux publics

Dans la rue

Si le piéton d'autrefois n'avait qu'à prendre garde aux fiacres, aux coches, aux chevaux et, plus tard, à quelques rares automobiles, sa vie est beaucoup plus menacée aujourd'hui! Les feux rouges et passages cloutés veillent sur sa sécurité, à condition qu'ils soient respectés... Et si vous voulez connaître les règles de savoir-vivre du piéton, fiez-vous, comme toujours, à votre bon sens et votre courtoisie.

Si vous bousculez quelqu'un par mégarde, excusez-vous : ne dites pas «Je m'excuse», car vous n'êtes pas censé le faire vous-même, mais «Excusez-moi», «Pardon», ou mieux, «Je vous prie de m'excuser». La meilleure façon de bousculer le moins de gens possible est encore de regarder et de marcher droit devant soi, d'un pas régulier. Ne vous arrêtez pas brusquement sans vous être assuré que vous ne gênez personne... et gare aux cannes blanches!

L'usage veut qu'on laisse aux femmes «le haut du pavé», c'est-à-dire la partie du trottoir la plus proche des maisons. Ceci pour leur éviter le danger des voitures et les éventuelles éclaboussures. En marchant, on double un autre piéton par la gauche, mais on le croise par la droite. Si vous vous promenez avec un landau, ne vous imaginez pas prioritaire pour autant, ne forcez pas le passage et, si un automobiliste vous laisse passer, remerciez-le d'un petit signe de tête.

Les personnes âgées, handicapées ou très chargées ont évidemment la priorité sur tous les autres piétons. Facilitez-leur la vie et même, aidez-les au besoin. De même, par temps de neige, essayez de résister au fou rire si une personne glisse, proposez plutôt vos services. Quand il pleut, tout le monde se protège sous un parapluie, ce n'est pas une raison pour le tenir n'importe comment au risque d'éborgner les autres. Quand un couple marche sous un parapluie, c'est l'homme qui doit le tenir. D'une façon générale, c'est le rôle de celui qui est le plus grand.

Certaines tenues vestimentaires sont à proscrire en ville : notamment les shorts et, a fortiori, les maillots de bain, même dans une station balnéaire.

Dans la rue, ne vous retournez pas sur quelqu'un, même si c'est Robert Redford, Alice Sapritch ou un personnage particulièrement excentrique. Ne montrez pas du doigt non plus, c'est très incorrect. Inutile de dire qu'il ne faut siffler personne d'autre que son chien, ni se retourner lorsqu'on a été sifflé...

Dans un jardin public, lisez les pancartes et respectez-les. S'il ne faut pas marcher sur la pelouse, ne le faites pas ; de même pour les chiens, ne les amenez que si c'est autorisé et tenez-les en laisse si c'est précisé. Ne jetez pas de papiers partout, ne vous mettez en maillot de bain que si beaucoup le font déjà et ne cueillez pas les fleurs des parterres.

Dans les transports en commun

Devant la recrudescence de gens fatigués et stressés, les règles de courtoisie que l'on imposait autrefois ont été rayées des esprits. Et ce n'est pas nouveau, puisque le métro a même pris la peine de numéroter certaines **places prioritaires** pour les invalides et infirmes de guerre... Les personnes âgées, les femmes enceintes ou portant un bébé dans les bras ont également droit (en principe) à quelques égards. Mais il faut bien souvent brandir une carte de priorité pour espérer qu'on vous laisse la place. La spontanéité en ce domaine n'existe plus. Mais même si ce n'est plus l'usage et que vous avez l'occasion d'offrir votre place à quelqu'un qui en a plus besoin que vous, n'hésitez pas. Habituez également vos enfants à le faire, dès leur plus jeune âge.

Si vous prenez **le métro ou l'autobus avec un enfant en bas âge**, ne l'asseyez pas à côté de vous, mais sur vos genoux. Si vous êtes debout avec lui et que l'on vous offre une place, remerciez d'un sourire.

Enfin, **respectez le confort de vos voisins**. Ne vous étalez pas sur la banquette, n'allongez pas vos jambes sous le siège face à vous, ne dépliez pas votre journal en grand, décroisez les jambes pour faciliter le passage de vos voisins, ne monopolisez pas les portes en empêchant tout le monde de monter ou de descendre, levez-vous de votre strapontin aux heures d'affluence, ne dévisagez pas les gens, ne lisez pas par-dessus leurs épaules et ne vous cachez pas derrière des lunettes noires. Le soleil n'est pas si violent dans le métro! Et puis, ne resquillez pas...

Si vous attendez un taxi à une tête de station, attendez votre tour pour prendre le premier qui arrive. Si plusieurs taxis sont déjà là, prenez le premier de la file, à moins qu'il refuse les fumeurs si vous l'êtes ou qu'il n'accepte pas votre chien. S'il est accepté, votre chien devra se coucher à vos pieds, pas sur la banquette.

Quand un couple monte en taxi, l'homme doit offrir la place de droite à sa compagne, c'est-à-dire celle à proximité du trottoir. Mais dans ce cas, il doit soit enjamber la dame, ce qui est exclu, soit entrer par la porte donnant sur la circulation, ce qui est dangereux. C'est pourquoi de nombreuses femmes aujourd'hui, entrant les premières dans le taxi, se glissent directement sur la place de gauche.

En voiture

Avez-vous remarqué comme même les plus calmes d'entre nous ont tendance à devenir nerveux et agressifs en voiture? Aussi bien les hommes que les femmes, d'ailleurs. Bien à l'abri dans notre cocon de verre et de tôle, la haine et les mots orduriers sont prêts à fuser à la moindre occasion. Où est passé notre savoir-vivre?

La priorité absolue est évidemment de respecter le code de la route. Mais essayez quand même de respecter le code de la bienséance! Ne klaxonnez pas à la moindre occasion, d'ailleurs, en ville, c'est interdit. Ne trépignez pas derrière la voiture qui vous précède si elle ne démarre pas assez vite au feu vert, ni derrière celle qui ne se gare pas aussi bien et promptement que vous le voudriez. N'abusez pas de la priorité à droite pour passer en force. Ne prenez pas une tête de bouledogue dans les embouteillages, ça n'avancera pas plus vite. N'en profitez pas non plus pour vous remaquiller, vous triturer la peau ou le nez ou même, vous raser!

Quand le feu passe au vert, ne démarrez pas en trombe au risque d'écraser les piétons audacieux encore dans le passage clouté. Ne faites pas non plus vrombir votre moteur pour les impressionner. (Il vous arrive aussi d'être piéton!)

Sauf en cas d'extrême urgence, ne vous garez jamais en double file. Que vous risquiez une contravention, c'est votre problème, mais vous risquez surtout de provoquer des accidents. Ne vous garez pas non plus sur les trottoirs, car c'est gênant pour les piétons — surtout les femmes avec un landau —, pour les commerçants et les fauteuils roulants des handicapés.

L'usage voulait autrefois que le conducteur du véhicule ouvre et referme la portière de sa passagère, à la montée comme à la descente. Cette habitude ne reste plus indispensable que pour les personnes âgées et pour les handicapés. Mais si la galanterie est plus élastique en ce domaine, il est toujours obligatoire, quand on raccompagne une femme chez elle, le soir, d'attendre qu'elle ait franchi la porte de sa maison avant de repartir.

Ne transformez pas votre voiture en vitrine de gadgets, autocollants, poupées, coussins, excès de chromes, sans oublier le Klaxon à l'italienne. Si vous voulez la laver vous-même, c'est très bien à la campagne ou dans votre jardin, mais pas dans la rue, c'est interdit.

Par souci d'élégance

Monter dans une voiture ou en descendre peut être fait avec élégance. La tête la première, ce n'est pas idéal car on se retrouve plié en deux et on ne sait plus que faire de ses jambes. Les mannequins ont une astuce : pourquoi ne pas l'adopter ? Il suffit de s'asseoir d'abord sur la banquette, les jambes serrées dehors, puis de faire pivoter ses hanches pour monter les jambes ensemble. Pour la descente, c'est le mouvement inverse : on sort d'abord les jambes, genoux serrés, puis on prend appui sur les pieds pour sortir le reste du corps.

Dans un établissement administratif

Les mairies, les postes, les centres de Sécurité sociale ou bureaux d'ANPE sont des endroits où l'on va toujours à contrecoeur car on fait la queue, on attend des heures, on est à peu près sûr d'avoir à revenir, car il manque toujours un papier pour que le dossier soit complet... Mais il faut y passer.

Pour que ces petits moments désagréables de la vie se passent le mieux possible, essayez de les prendre du bon côté en étant aimable avec les autres dans les files d'attente, en ne piétinant pas parce que cela ne va pas assez vite, en étant compréhensif si l'employé(e) à qui vous vous adressez ne comprend pas immédiatement le fond de votre problème et, enfin, en vous abstenant de fumer. D'ailleurs, c'est interdit dans la plupart de ces endroits.

Evitez, si possible, de venir avec vos enfants. Ils s'impatienteraient sûrement encore plus vite que vous, vous les gronderiez pour qu'ils se taisent ou se calment et tout finirait dans les cris et les larmes, ce qui n'arrangerait pas l'ambiance générale.

Et si vous avez des réclamations à faire, essayez de les formuler d'un ton poli et courtois, même si au fond vous êtes très agacé. En effet, manifester votre mauvaise humeur ne servirait qu'à braquer l'employée et vous n'obtiendriez plus rien d'elle, sinon un retour d'acrimonie !

Dans une église (ou tout autre édifice religieux)

Que vous soyez ou non concerné par la religion de l'édifice que vous visitez, le respect s'impose. **D'abord, le silence.** Si vraiment vous avez quelque chose à dire, faites-le en chuchotant. **Et puis, la discrétion.** Ne faites pas de grands gestes, ne courez pas dans les allées et, si vous avez des talons ferrés, essayez de marcher sur la pointe des pieds. Les éventuelles personnes qui sont là pour prier doivent pouvoir le faire dans le plus grand recueillement.

Veillez aussi à la façon dont vous vous habillez. Si vous êtes sur votre lieu de vacances, proscrivez le short, les décolletés et évitez les bras nus, même si cette règle vous paraît ridicule. Vous risqueriez de vous voir interdire l'entrée de l'édifice. Aujourd'hui, on n'exige plus des femmes qu'elles se couvrent la tête, mais les hommes, eux, doivent toujours se découvrir.

Si vous entrez dans une église et qu'un office est en cours, redoublez de discrétion. Ne dévisagez pas les gens qui y assistent et, après une visite rapide et silencieuse, sortez aussi discrètement que possible.

Et puis, même si cela paraît évident, ne fumez dans aucun édifice religieux.

116 / *Le savoir-vivre au quotidien*

Si vous devez vous adresser à des religieux, essayez de les appeler comme ils doivent l'être. Et d'abord, ne confondez pas le clergé régulier et le séculier. Le premier obéit à des règles monastiques et le second vit et pratique sa religion au milieu du monde, dans son siècle.

— *Le clergé régulier* : on dit «Ma soeur» aux religieuses non cloîtrées mais si on leur écrit, on indique «Mère», suivi du nom du couvent. On dit «Mon père» et «Ma mère» aux religieux et religieuses d'ordres cloîtrés. Et selon les ordres, les appellations varient : «Monsieur» pour un sulpicien, «Mon frère» pour un franciscain et «Mon père» pour un bénédictin. Si vous n'êtes pas sûr de ce qu'il faut dire, dites plutôt «Ma mère» que «Ma soeur» et «Mon père» que «Mon frère».

— *Le clergé séculier* : on dit «Monsieur le Curé» ou «Mon père» à un prêtre chargé d'une paroisse. On dit «Monsieur l'Abbé» à un vicaire qui aide ou remplace le curé. On dit «Monseigneur» aux évêques et aux archevêques, «Eminence» aux cardinaux et, si un jour vous avez l'occasion de le rencontrer, «Très Saint-Père» au Pape ou «Votre Sainteté» en lui parlant à la troisième personne... A un pasteur protestant, on dit «Monsieur le Pasteur» et à un rabbin, «Monsieur le Rabbin» ou «docteur».

Dans une salle de spectacle

La raison essentielle de votre présence dans une salle de spectacle est, précisément, de voir le spectacle et non pas que l'on vous y voie, comme c'était le cas autrefois. Donc, il est inutile de vous faire remarquer et de gêner tout le monde. Toutefois, les comportements peuvent varier selon le spectacle que vous allez voir.

Au cinéma

La ponctualité n'est pas une obligation. Elle est simplement préférable pour vous, car il n'est jamais agréable de «prendre» un film en cours de route. Si c'est le cas, suivez discrètement l'ouvreuse, baissez la tête si vous passez devant l'écran, excusez-vous si vous dérangez des spectateurs et installez-vous le plus rapidement possible. Pendant le film, ne froissez pas des papiers de bonbons, ne faites pas de commentaires tout haut et n'étalez pas vos affaires sur les sièges voisins. Si vous êtes deux et que vous êtes très amoureux, choisissez plutôt le dernier rang.

Au théâtre

Non seulement vous payez beaucoup plus cher qu'au cinéma, mais vous avez encore moins de droits! La moindre des politesses est en effet d'arriver un peu avant que la pièce commence, aussi bien vis-à-vis des autres spectateurs que, surtout, pour ne pas déconcentrer les acteurs. Si la pièce ne vous plaît pas, ne faites pas de scandale, mais sortez le plus discrètement possible. Mais si elle vous a plu, participez aux **applaudissements et aux rappels**, il n'est pas très gentil pour les acteurs de disparaître dès que le rideau tombe. Si vous êtes invité dans une loge, il est poli d'apporter des bonbons.

Au concert

Si vous allez à un concert de rock, tout est permis. Mais si vous allez à un concert classique ou à l'Opéra, sachez que vous n'avez pas le droit d'arriver en retard. En effet, si l'orchestre a déjà commencé à jouer, l'ouvreuse vous fera patienter dans le hall jusqu'à la fin du premier acte ou du premier morceau. Si vous avez la gorge ou le nez pris le jour du concert, restez plutôt chez vous. De même, n'essayez pas de parler ni de chantonner en même temps que la musique, les mélomanes sont intraitables sur les bruits parasites!

Quant à la façon de s'habiller, si elle était très réglementée autrefois dans ce genre de spectacle, elle est aujourd'hui beaucoup plus libre, à condition, bien sûr, de ne pas arriver ostensiblement déguenillé. Il n'y a que pour les «Premières» ou les «Générales» que la tenue de soirée soit de rigueur.

Dans un musée

Au musée, comme à l'église, le silence est d'or. Ne vous extasiez pas bruyamment devant l'oeuvre d'un maître ni ne faites de commentaires à voix haute, si pertinents soient-ils. Même si vous connaissez parfaitement les oeuvres présentées, ce n'est pas une raison pour vous mettre à faire un cours magistral à la personne qui vous accompagne. Il sera toujours temps de le faire dehors, et puis, les guides sont payés pour cela. D'ailleurs, si vous avez choisi la solution de la visite guidée, soyez courtois envers le guide... Essayez de dissimuler votre fou rire, même s'il est involontairement irrésistible. Ils le sont très souvent ! Et puis, n'oubliez pas sa pièce à la fin de la visite (5 F sont raisonnables), il se chargera d'ailleurs parfois de vous le rappeler.

Si vous n'avez pas de guide, n'essayez pas de poser une question d'ordre culturel aux gardiens, ils ne sont pas là pour cela et puis... vous risqueriez de les réveiller ! Mais si vous touchez à quoi que ce soit parmi les oeuvres présentées, attention : ils ne dorment que d'un oeil !

Dans une salle d'attente

Certaines règles de savoir-vivre sont valables dans tous les types de salles d'attente. En entrant, faites un petit signe de tête à l'égard des personnes déjà présentes. Ne succombez pas au traditionnel «Messieurs-Dames». Puis, repérez leur visage de façon à savoir précisément quand arrivera votre tour. S'il n'y a pas de cendriers sur les tables basses, c'est évidemment que vous ne pouvez pas fumer. Mais même s'il y en a, essayez de vous abstenir, surtout si la pièce est petite, et si vous craquez, demandez avant l'autorisation aux personnes présentes. Lisez les journaux et les magazines déposés sur les tables, ils sont là pour cela, mais n'arrachez pas les pages, même si vous tombez sur un article qui vous passionne.

Chez le médecin ou le dentiste, n'engagez pas la conversation avec les autres patients pour raconter vos petites misères ou poser des questions sur celles des autres.

Dans les gares, les salles d'attente ne sont souvent pas assez grandes pour que tout le monde puisse s'asseoir et, quand il fait mauvais temps, on ne peut pas attendre sur le quai. Aussi, n'hésitez pas à offrir votre place aux personnes âgées, aux femmes enceintes ou accompagnées d'enfants.

Dans les aéroports, ne vous précipitez pas à la porte d'accès lorsque vous êtes appelé pour l'embarquement. Quoi qu'il arrive, personne ne pourra prendre votre place et vous ne voyagerez pas debout !

Les animaux

N'arrivez jamais à l'improviste chez quelqu'un accompagné de votre chien. Et même si vous êtes invité, cela ne veut pas dire qu'il le soit. Si vous ne pouvez le laisser chez vous, **demandez la permission de l'amener.** Les personnes qui ont un chat (ou plusieurs), par exemple, ne verront pas forcément d'un bon oeil arriver un ouragan fureteur et renifleur, cherchant à débusquer leur matou. Et même si votre chien les tolère, la réciproque est loin d'être toujours évidente.

Votre chien fait partie de votre famille, il doit donc, lui aussi, être bien élevé! Apprenez-lui à ne pas aboyer pour n'importe quoi, à ne pas réclamer de la nourriture à table, à ne pas monter sur les sièges ou sur les lits et à ne pas faire «la fête» à tous les visiteurs. S'il hurle à la mort en votre absence, vos voisins vous le diront très vite et vous devrez prendre vos dispositions pour que cela s'arrange.

Dans la rue, apprenez-lui à faire ses besoins dans le caniveau et, de préférence, tenez-le en laisse.

Dans le métro ou l'autobus, seuls les chiens d'aveugle ou les petits chiens qui entrent dans un sac sont admis. **En avion**, les chiens de plus de six kilos doivent voyager dans la soute. **En train**, tout est permis, mais le chien doit se coucher à vos pieds et ne pas gêner vos voisins de compartiment.

122 / *Le savoir-vivre au quotidien*

Les chats, eux, sont éminemment casaniers et préfèrent rester un week-end tout seuls plutôt que de changer leurs chères habitudes. Et ne croyez pas leur faire plaisir en leur faisant faire un petit tour au bout d'une laisse! En cas de nécessité absolue, votre chat voyagera tranquillement dans un panier, ou vous l'y aiderez avec un petit sédatif: ainsi, il ne gênera pas tout le monde avec ses miaulements. Chez vous, soyez très méticuleux avec sa litière, il n'y a rien de plus désagréable pour les visiteurs que d'entrer dans une maison qui sent le chat négligé. Si vous avez des invités, empêchez votre chat de s'installer sur leurs genoux, beaucoup sont allergiques ou simplement n'aiment pas les chats.

Et si, chez vous, vous élevez des **animaux plus «exotiques»**, pensez toujours à la tranquillité de vos voisins et de vos invités. Tout le monde n'aime pas trouver un python enroulé sous son fauteuil ou qu'un singe lui saute sur l'épaule! Et si vous avez adopté un fauve, si petit soit-il, vous n'avez pas le droit de le promener dans la rue, même tenu en laisse. Quant aux oiseaux parleurs, évitez de leur apprendre des grossièretés, ils les retiennent très bien et vous pourriez parfois le regretter...

CHAPITRE VI

Le milieu du travail

Le curriculum vitae

Que vous répondiez à une annonce ou que vous manifestiez spontanément votre désir de travailler pour une entreprise, vous allez devoir envoyer votre curriculum vitae, ou CV. Pour mettre toutes les chances de votre côté, il y a certaines règles à respecter.

Un curriculum vitae se compose de deux éléments : une lettre manuscrite et le CV proprement dit. **La lettre manuscrite** exprime vos motivations et vos ambitions par rapport à l'emploi que vous sollicitez. Elle doit être écrite sur une feuille blanche 21 x 29,7 cm, sans lignes ni quadrillages, et d'une présentation très soignée. Pensez particulièrement à écrire lisiblement car votre lettre sera peut-être remise à un graphologue... Même sans cela, les lettres illisibles vont directement à la poubelle.

Le curriculum vitae proprement dit doit être **dactylographié** et, également, d'une présentation soignée et claire. Il mentionne vos différents diplômes et il retrace les grandes étapes de votre vie professionnelle depuis la fin de vos études, et les différentes expériences qui ont un rapport avec la place que vous convoitez.

Aussi bien dans la lettre que dans le CV, ne cherchez pas à en faire trop ; il vaut mieux jouer la carte de l'efficacité plutôt que de se perdre dans des détails

Le milieu du travail / 125

qui finiraient très vite par ennuyer le destinataire au lieu de le séduire!

Joignez éventuellement une **photo** de vous que vous accrocherez à l'ensemble avec un trombone.

La première entrevue avec l'employeur

Le premier contact est essentiel pour la suite des événements. Il faut très vite trouver un moyen terme entre une timidité paralysante et une confiance en soi exagérée, agaçante pour la personne en face de vous.

Si vous êtes handicapé par une timidité qui vous fait bredouiller, balbutier et vous donne les mains moites, essayez de vous mettre en condition avant ce premier rendez-vous en réfléchissant bien à ce que vous allez dire. Et le jour J, arborez un visage cordial, un regard franc (et de face) et vous verrez que tout se passera bien. N'en faites quand même pas trop, cela pourrait passer pour du sans-gêne. Efforcez-vous d'exposer brièvement l'objet de votre visite, attendez les questions (sans interrompre la personne qui vous les pose) et répondez-y simplement. Si ce que vous avez à dire ou proposer intéresse votre interlocuteur, la glace se rompra immédiatement d'elle-même.

Si, en revanche, vous êtes sûr de vous et volubile, c'est très bien, mais veillez peut-être à ce que vos facilités naturelles de contact n'énervent pas, par leur excès, votre interlocuteur, ou qu'il prenne cela pour de la mauvaise éducation.

La première visite, en principe, ne doit pas durer plus de vingt minutes. **Il faut donc savoir partir.** Si vous attendez une réponse précise, dès qu'elle vient, remerciez et retirez-vous. Si elle ne vient pas, résignez-vous et faites de même: remerciez du temps que l'on a bien voulu vous consacrer et retirez-vous. Si elle le désire, la personne pourra toujours vous recontacter.

La première poignée de main est importante aussi: elle doit être franche, énergique (mais pas trop...), mais jamais molle ou fuyante.

Quant à **votre tenue vestimentaire**, aussi bien pour les hommes que pour les femmes, elle doit être avant tout correcte. Un peu de recherche pourra être considérée comme une marque de courtoisie, mais pas d'excentricité. Et encore, cela dépend du poste que l'on convoite: un mannequin ne s'habillera pas comme une secrétaire de direction, ni un ou une graphiste comme un ou une expert-comptable.

Une obligation essentielle est d'**être à l'heure**. Calculez bien le temps qu'il vous faudra pour aller à votre rendez-vous. Ceci est également valable pour la personne qui reçoit!

Le comportement général

Travailler huit heures par jour quelque part, c'est vivre le mieux possible avec des personnes que l'on n'a pas choisies. L'image que vous donnez de vous-même et le comportement que vous adoptez sont la marque du respect réciproque que vous souhaitez établir.

La tenue vestimentaire

Vous l'adapterez selon l'endroit où vous travaillez, le type d'emploi effectué et «le genre de la maison». Mais dans tous les cas, soignez votre propreté (voir page 40), votre coiffure, vos ongles (pas de vernis écaillé) et vos vêtements (pas de cols douteux, d'ourlets défaits, de boutons manquants, de bas filés, de chaussures éculées ou boueuses). La coquetterie, aussi bien masculine que féminine, est une qualité agréable et appréciée dans le cadre du travail (et d'ailleurs, en tous lieux). Cela ne veut bien sûr pas dire rivaliser d'élégance, en sortant les manteaux de fourrure et les gros bijoux.

Le comportement personnel

Il y a toute une série d'habitudes ou de petites manies dont il faut se défaire, notamment dans le milieu du travail. Par exemple, bâiller ostensiblement (surtout sans mettre sa main devant sa bouche), s'étirer (même si cela fait du bien) ou éternuer très fort. Personne ne peut vous reprocher d'avoir un rhume, mais faites en sorte que cela se remarque le moins possible. Evitez la boîte de mouchoirs posée sur votre bureau et utilisez plutôt des mouchoirs en tissu que vous ne déplierez pas comme un drap de lit et que vous remettrez dans votre poche après usage. Se moucher est un geste naturel, vous n'avez pas besoin de baisser la tête ou de vous retourner pour le faire. Simplement, veillez à la discrétion et ne transformez pas votre nez en trompette. Et, en tout cas, ne reniflez pas, mieux vaut se moucher trop souvent que pas assez.

Si vous êtes affublé de tics nerveux, essayez d'en prendre conscience et de vous en corriger. Que ce soit des transformations inesthétiques de votre visage ou des petites manies comme déformer les trombones, jouer avec les pièces de monnaie dans votre poche, enrouler vos cheveux ou mâcher vos stylos.

Ne vous grattez pas en public, c'est parfaitement inélégant, quel que soit le siège de la démangeaison...

Ne gardez pas vos mains en permanence au fond de vos poches, surtout pendant que vous êtes en train de parler à quelqu'un.

Même si le rire est indispensable pour que règne une bonne ambiance sur le lieu de travail, ne le faites pas à gorge déployée ni, dans la mesure du possible, sur le dos des autres...

Les relations avec les autres

Les rapports entre les employeurs et les employés ont bien changé. Les systèmes hiérarchiques très structurés et le vieil autoritarisme n'ont plus cours que dans les très grosses compagnies d'assurances, les banques et les administrations... Certaines entreprises dirigées par des patrons de «l'ancienne école» les pratiquent encore parfois. Mais la tendance est heureusement à des relations plus simples, plus sympathiques, moins rigides et certainement plus efficaces car l'employé s'en trouve plus valorisé et donc plus heureux.

Avec votre employeur

Aujourd'hui, les patrons (intelligents) reconnaissent qu'ils ne pourraient pas faire le travail de leur secrétaire et ils respectent ce travail. Ce n'est donc pas la peine de vous liquéfier devant votre patron, de multiplier obséquiosités et flatteries, ni de vous confondre en servilité, nous entrons dans l'ère du respect mutuel. Ne tombez pas non plus dans l'excès inverse en lui tapant sur le dos comme s'il était votre meilleur ami. Quels que soient l'ambiance et l'esprit de votre entreprise, soyez courtois, avenant, poli et sachez garder vos distances.

Un petit détail pratique: n'abusez pas des coups

de téléphone personnels, ni des fournitures mises à votre disposition.

Avec vos collègues

Qu'ils soient vos supérieurs hiérarchiques ou vos subalternes, vos collègues méritent autant d'égards. Vos relations avec eux doivent également être courtoises, polies et réservées.

Il arrive très souvent qu'au sein d'une équipe ou d'une entreprise, des clans se forment. Faire preuve de tact est alors la qualité essentielle à avoir. Des inimitiés, des différends, voire carrément des disputes peuvent naître et dégrader complètement l'ambiance de travail. Ne prêtez surtout pas le flanc à ce genre d'histoires, n'envenimez pas les choses en discréditant vos collègues, essayez d'être neutre ou, du moins, le plus discret et impartial possible. Tout le monde vous en respectera davantage, même si certaines langues de vipère vous traiteront de lâche.

Si une relation de travail se transforme en amitié, faites en sorte que cela ne nuise pas à la qualité de votre travail. Et, encore une fois, que tout cela reste extrêmement discret. Quant à des relations encore plus intimes, si elles se produisent, faites en sorte qu'elles ne soient pas le sujet de conversation privilégié de tout le monde, ni l'objet de messes basses et de ricanements.

Les repas d'affaires

Les emplois du temps des hommes et femmes d'affaires sont tellement chargés qu'à présent, on profite du moment des repas pour parler «boutique», études de marché et signer des contrats. Il y a même des petits déjeuners d'affaires! Personne n'est dupe, on vient pour cela et c'est tellement plus agréable et chaleureux autour d'un bon repas.

Si c'est vous qui invitez de futurs clients ou collaborateurs au restaurant, vous devez arriver le premier. Proposez la carte, n'imposez pas de menu diététique, même si vous êtes au régime (vous mangerez une salade le soir) et ne mettez pas tout le monde à l'eau sous prétexte que vous ne buvez pas de vin. Au cours du repas, dirigez la conversation et ne tardez pas trop pour entrer «dans le vif du sujet». Et à la fin du repas, proposez desserts et liqueurs. Ce sont vos invités qui doivent donner le signal du départ.

Si vous êtes invité, n'orientez pas directement votre choix sur les plats les plus chers de la carte, veillez à ne commettre aucun impair (réfléchissez plutôt deux fois qu'une avant de parler), mais restez naturel malgré tout. A la fin du repas, n'oubliez pas de remercier votre hôte.

Le langage

Le langage et la façon de s'exprimer sont extrêmement révélateurs: ils trahissent la culture et l'éducation, bien sûr, mais aussi le milieu social, la région et les petites faiblesses comme la timidité ou le manque de confiance en soi. On ne vous demande pas de parler comme un grand orateur ou un académicien, de faire des phrases alambiquées, ni d'utiliser un style ampoulé, ce que l'on vous demande, c'est au minimum de ne pas faire de fautes de français. Libre à vous d'émailler votre langage d'expressions populaires ou même d'argot ou de mots «branchés» (à condition de le faire naturellement, car ils vieillissent très vite), mais soignez votre syntaxe! Tout cela s'apprend dès le plus jeune âge mais il n'est jamais trop tard pour se bonifier!

Certaines expressions sont pratiquement passées dans le langage courant, mais ce n'est pas une raison pour les utiliser. Voici celles que l'on entend le plus souvent.

Ce qu'il faut dire...	... et ne pas dire:
A cet après-midi	A tantôt
Aéroport	Aréoport
Allons nous promener	Allons promener
A midi	Ce midi
Au cas où	Des fois que
Avoir les oreilles rebattues	Avoir les oreilles rabattues
Bien que	Malgré que

134 / *Le savoir-vivre au quotidien*

Ce qu'il faut dire...	*... et ne pas dire!*
Ce n'est pas ma faute	*Ce n'est pas de ma faute*
C'est là que je vais	*C'est là où je vais*
C'est sûr	*Pour sûr*
Chez le coiffeur	*Au coiffeur*
D'ici à demain	*D'ici demain*
Elle a un petit ami	*Elle fréquente*
Il a des chances de guérir	*Il risque de guérir*
Il est en colère contre elle	*Il est en colère après elle*
Il y en a trop	*Il y en a de trop*
J'ai hérité une maison	*J'ai hérité d'une maison*
J'ai lu dans le journal	*J'ai lu sur le journal*
J'ai parlé à Pierre	*J'ai parlé avec Pierre*
J'apporte des fleurs	*J'amène des fleurs*
J'enlève mon pull	*Je quitte mon pull*
Je lui dis	*Je lui fais*
Je me souviens	*Je me rappelle*
(Je me le rappelle)	*(Je m'en rappelle)*
Je parle	*Je cause*
Je reviens tout de suite	*Je reviens de suite*
Je suis allé	*J'ai été*
Je suis arrivé	*Je suis rendu*
Je vais déjeuner (ou dîner)	*Je vais manger*
Je vous reconnais	*Je vous remets*
Je vous saurais gré	*Je vous serais gré*
La soeur de mon oncle	*La soeur à mon oncle*
Nous étions convenus	*Nous avions convenu*
Où est-ce?	*Où c'est?*
Pallier un inconvénient	*Pallier à un inconvénient*
Parfois (ou quelquefois)	*Des fois*
Partir pour l'Espagne	*Partir en Espagne*
Quelle heure est-il?	*Quelle heure il est?*
Sur le plan de	*Au niveau de*
Une alternative	*Deux alternatives*
Une espèce de fou	*Un espèce de fou*
Vous n'êtes pas sans savoir	*Vous n'êtes pas sans ignorer*

Le milieu du travail / 135

S'il vous arrive de commettre l'une de ces fautes courantes, répétez-vous la bonne version jusqu'à ce qu'elle vous vienne naturellement. Avec un peu de volonté, vous verrez que vous oublierez très vite ces mauvaises tournures.

En parlant, évitez également de multiplier les superlatifs du genre ultra, archi, super, hyper, méga... Pensez à respecter les «h» aspirés (les haricots et non pas les zaricots). Et méfiez-vous des pléonasmes: monter en haut, descendre en bas, le but final, la panacée universelle, prévoir à l'avance, reculer en arrière, etc.

Et même si nous avons souffert, étant petits, devant nos livres de grammaire, ce n'est qu'un mauvais souvenir. Finalement, la grammaire, c'est très amusant!

La correspondance

Tous les conseils généraux que vous avez pu découvrir dans le chapitre de la correspondance privée (page 90) sont, bien sûr, valables pour la correspondance propre au milieu du travail. Mais si, dans le premier cas, on peut éventuellement pardonner une petite faute d'orthographe, elles sont rédhibitoires dans le deuxième cas. Et ne parlons pas des fautes de grammaire, de participes passés mal accordés, de conjugaison, de français, ni des expressions mal employées... Les dictionnaires existent, les livres de grammaire aussi : il n'y a aucune honte à les consulter. Prenez garde également à la ponctuation : mal utilisée, elle peut changer le sens d'une phrase. Lisez et relisez les lettres importantes avant de les cacheter.

Il est préférable de **dactylographier une lettre d'affaires** et d'utiliser un carbone afin que vous puissiez en garder un double. Elle doit être datée et porter toutes les références nécessaires pour que le destinataire puisse retrouver rapidement les traces des éventuels courriers précédents.

Essayez d'avoir un style bref, précis, clair et n'hésitez pas à faire de nouveaux paragraphes en allant à la ligne. Si vous écrivez une lettre de réclamation, soyez ferme mais courtois. Le ton acrimonieux n'arrange jamais rien, au contraire.

Voici les **formules de politesse** les plus courantes pour terminer une lettre d'affaires. Tout d'abord, lorsque c'est un homme qui écrit :

— A une femme ou à un homme qu'il ne connaît pas : «Veuillez croire, Madame (ou Monsieur), à mes sentiments distingués (ou très distingués, ou les plus distingués).»

— A une femme ou à un homme qu'il connaît : «Veuillez croire, Madame (ou Monsieur), à mes sentiments les meilleurs.»

Lorsque c'est une femme qui écrit :

— A un homme qu'elle ne connaît pas : «Recevez, Monsieur, mes salutations distinguées.»

— A une femme qu'elle ne connaît pas : «Croyez, Madame, à mes sentiments les plus distingués.»

— A un homme qu'elle connaît : «Recevez, Monsieur (ou cher Monsieur), l'expression de mes salutations les meilleures (ou les plus amicales).»

— A une femme qu'elle connaît : «Recevez, Madame (ou chère Madame), l'expression de mes sentiments les meilleurs.»

Donner sa démission

Si, pour une raison ou pour une autre, vous êtes amené à quitter la société qui vous employait, évitez au maximum de partir en claquant la porte ou tout autre mouvement d'humeur de ce genre. Personne ne sait ce que l'avenir nous réserve. Donnez votre démission dans les règles de l'art...

Quand votre décision est prise, **demandez un entretien** avec votre employeur ou le chef du personnel, puis informez-le de votre départ et, éventuellement, des raisons qui vous amènent à quitter l'entreprise. Discutez avec lui de la date effective de votre départ, compte tenu du préavis légal que vous lui devez (un mois ou trois mois selon votre statut, rien du tout si vous êtes à l'essai ou sous contrat à durée déterminée).

Ensuite, **écrivez une lettre** (manuscrite ou dactylographiée) que vous enverrez **en recommandé avec accusé de réception**. Elle doit être très courte. Voici un modèle possible : «Monsieur, Pour des raisons personnelles,» (vous pouvez les rappeler brièvement mais ce n'est pas nécessaire) «j'ai le regret de vous remettre ma démission. Compte tenu du mois de préavis que je vous dois, je me considérerai libre de tout engagement envers vous le ... à 18 heures.» Pour la formule de politesse, reprenez les exemples de la page 136.

Le milieu du travail / 139

Pendant votre préavis, vous vous sentirez, sans doute, assez démotivé, mais ce n'est pas une raison pour oublier vos bonnes habitudes de courtoisie.

CHAPITRE VII

Le savoir-vivre en vacances et lors des loisirs

En week-end

Si vous êtes invité à passer un week-end chez des amis, ou même chez des personnes de votre famille, dites-vous bien que votre présence, surtout si vous avez des enfants, est un gros surcroît de travail pour la maîtresse de maison. Faites donc tout pour que le plaisir de vous avoir fasse oublier cette surcharge.

Tout d'abord, la moindre des délicatesses est de **ne pas arriver les mains vides** : selon les moyens dont vous disposez, vous apporterez un cadeau pour la maison ou pour vos hôtes, une bonne bouteille ou même seulement un gros gâteau que vous aurez confectionné vous-même.

Pendant le week-end, tout se passera au mieux si vous respectez ces deux mots d'ordre : **discrétion et respect des habitudes de la maisonnée.** Le matin, si vous vous réveillez avant tout le monde, faites en sorte de ne pas le claironner ! Si vous aimez humer les rosées de l'aube, c'est votre droit le plus strict, mais tout le monde ne partage pas forcément vos penchants. A l'inverse, si vous êtes inconditionnel de la grasse matinée, profitez-en, mais pas jusqu'à l'heure du déjeuner... Ne monopolisez pas la salle de bains ni les toilettes pendant des heures. Faites votre lit, puis allez proposer vos services : aller faire des courses, préparer un plat, mettre la table, faire la vaisselle.

Montrez-vous **disponible en permanence pour aider la maîtresse de maison.** Les femmes le font

En vacances et lors des loisirs / 143

généralement assez spontanément, mais que les hommes se forcent un peu et ne se considèrent pas comme des pachas!

Si vous suivez ces quelques petits détails élémentaires, qui sont autant de gentillesse que de savoir-vivre, tout le monde passera un week-end délicieux et vous serez sûrement invité de nouveau. Sinon...

Inutile de préciser qu'en repartant, le fait de **remercier** de vive voix ne vous dispense pas, le lendemain ou le surlendemain, d'écrire un petit mot ou de passer un coup de téléphone pour dire combien vous avez été heureux de votre week-end. Même si tout cela s'est fait très simplement, entre intimes, cette attention fait toujours plaisir.

Si c'est vous qui invitez vos amis dans votre maison de campagne, montrez-leur que vous êtes heureux de les accueillir, en leur faisant une jolie chambre par exemple : des draps propres, évidemment, mais aussi un bouquet de fleurs, un cendrier, quelques livres et magazines, une carafe d'eau et un verre et une couverture supplémentaire au cas où ils auraient froid. Mettez également dans leur chambre des serviettes et gants de toilette et un savon neuf.

La chasse

Si vous partez seul à la chasse, vous devez porter votre fusil ouvert, sur le bras ou sur l'épaule, et ne le fermer pour l'armer que lorsque votre chien se met à l'arrêt. Ne chassez pas à proximité des maisons ni dans les réserves de chasse, car on pourrait bien vous dresser un procès-verbal. Oubliez l'idée de vous approprier le gibier levé par le chien d'un autre chasseur et si, pris dans le feu de l'action, il vous arrivait malgré tout d'abattre ce gibier, offrez-le au propriétaire du chien. Si quelqu'un vous accompagne, et qu'il n'est pas chasseur, il devra se tenir à quelques pas derrière vous et se taire...

Si vous êtes invité par des amis à participer à une chasse, conformez-vous aux règles des chasseurs. Pour une battue, tous les chasseurs se placent en ligne, à un poste désigné auparavant ou numéroté. Chacun reste à sa place sans bouger jusqu'à l'ouverture de la battue, qui est annoncée par une trompe. Des rabatteurs sont en face des chasseurs, à environ 400 mètres, et avancent vers eux en faisant beaucoup de bruit pour débusquer le gibier. Dès qu'un chasseur aperçoit une proie, il ne peut tirer sur elle que si elle est devant lui, et non au-dessus de la tête de son voisin. Les chasseurs ne ramassent pas eux-mêmes le gibier abattu, ce sont les rabatteurs qui le font. La fin de la battue est annoncée par un second coup de trompe. Le fusil doit alors être ouvert pour éviter les accidents.

Si jamais il vous arrive d'être **invité à une chasse à courre,** sachez que chaque équipage a ses propres règles et qu'il faut s'en informer avant...

146 / *Le savoir-vivre au quotidien*

Pendant le voyage

Quel que soit le moyen de transport que vous utilisez, vous allez vous trouver confronté à d'autres vacanciers qui, comme vous, sont excités de partir, ploient sous les bagages, vivent enfin le moment tant attendu : le départ en vacances. Comme, en France, elles se partagent principalement entre juillet et août, cela signifie beaucoup de monde en même temps sur les routes, les rails, les eaux et dans les airs.

Profitez-en pour mettre à profit la lecture de ce guide, sinon, la bonne humeur générale risque fort de devenir exécrable du fait de cette promiscuité temporaire, courte mais intense... La plupart des conseils déjà donnés dans le chapitre des transports en commun (page 110) sont également valables en voyage, mais il y a des points de détail propres à chaque moyen de transport.

En train

Evitez les adieux et embrassades démesurés sur les quais de gare, laissez votre mouchoir au fond de votre poche et ne faites pas profiter tout le monde de vos « dernières recommandations ». En vous installant à votre place, hissez vos bagages aux endroits prévus à cet effet et aidez les plus faibles que vous à faire de même (opération inverse à l'arrivée, bien sûr).

En vacances et lors des loisirs / 147

Si, à l'heure du repas, vous n'avez pas les moyens de vous offrir le wagon-restaurant (ce qui est compréhensible étant donné les tarifs pratiqués), vous aurez sans doute prévu un panier-repas. Evitez les aliments à odeur prononcée, du type saucisson à l'ail, et ceux qui sont délicats à manger ou trop juteux. Si vous ouvrez un paquet de biscuits, offrez-en à la ronde, cela fait toujours plaisir.

Et si vous voyagez la nuit, en wagon-lit ou simples couchettes, conformez-vous aux souhaits de la majorité en ce qui concerne la lumière et la fenêtre (les frileux sont prioritaires). Ne vous déshabillez pas entièrement pour sortir pyjama et pantoufles, vous n'êtes pas chez vous. Si vous avez affaire à un ronfleur ou à quelqu'un qui aurait mieux fait de garder ses chaussures, mettez-vous des boules Quies, la tête sous le drap et un petit mouchoir parfumé au ras des narines! Il n'y a rien d'autre à faire... Et si vous avez envie de fumer, allez dans le couloir.

En autocar

Mis à part les différences évidentes entre le car et le train, il y en a une qui a son importance: tous les autocars ne sont pas équipés de toilettes. Et comme il serait très mal venu de faire stopper tout le monde pour votre petit besoin naturel à vous, mieux vaut «prendre vos précautions» avant. Un autre point à souligner: les maux de coeur sont plus fréquents en car qu'en train. Si vous y êtes sujet, avalez un petit cachet spécial avant de partir.

En avion

Pas de bousculades à l'embarquement, tout le monde sera assis. Dans l'avion, respectez les zones fumeurs et non-fumeurs si vous ne voulez pas subir les remontrances courtoises des hôtesses et celles, parfois moins courtoises, des passagers non-fumeurs. Si vous avez droit à la projection d'un film et qu'il ne vous passionne pas, n'ouvrez pas sans cesse le volet de votre hublot, c'est très énervant pour ceux qui suivent le film. Enfin, ne vous déchaussez pas pour être à l'aise. Même si vous êtes sûr de votre hygiène, cela ne se fait pas.

En bateau

Si vous êtes sujet au mal de mer, pensez au petit cachet anti-nausée ou restez dans votre cabine. Si vous faites une croisière de plusieurs jours, sachez que l'on ne sort les tenues de soirée ni le soir même du départ, ni la veille de l'arrivée.

En camping

Les inconditionnels du camping sauvage n'auront qu'un souci de savoir-vivre à respecter, celui de laisser l'endroit choisi aussi propre qu'ils l'ont trouvé en arrivant. En revanche, si vous préférez les commodités d'un camp aux charmes de l'aventure, vous devrez vous plier à toute une série de mesures visant à ne pas transformer les vacances de vos voisins de tente en enfer.

D'abord, et avant tout, contribuez à préserver un silence réparateur en ne mettant pas la radio très fort dès le réveil, ni à longueur de journée, en ne vous interpellant pas à hauts cris, en suggérant aux enfants de faire moins de bruit ou de le faire ailleurs et en ne jouant pas d'un instrument de musique jusque tard le soir.

Evitez les barbecues-parties systématiques avec force merguez ou sardines.

N'oubliez pas que vous êtes loin d'être les seuls à utiliser les équipements sanitaires du camp: et même s'ils ne sont pas toujours aussi impeccables qu'on le souhaiterait, ce n'est pas la peine d'en rajouter. Qui dit camping ne dit pas laisser-aller.

Déposez régulièrement vos sacs poubelles à l'endroit indiqué à l'entrée du camp: vous éviterez ainsi, à vous et à vos voisins, les nuées de mouches et de moustiques.

Et lorsque vous décidez de lever le camp, de même que pour le camping sauvage, laissez votre place sans aucune trace de votre passage.

Les clubs de vacances

A partir du moment où vous faites le choix de partir dans un club de vacances, c'est que vous acceptez, a priori, le principe même de ce type de vacances : vivre avec des gens que vous ne connaissez pas et que vous n'avez pas choisis, pendant une période donnée. Donc, si vous acceptez le principe, respectez-en aussi les règles. Chacun doit y mettre du sien pour que tout se passe bien.

Lorsque les organisateurs prévoient des repas exceptionnels, avec des attractions, essayez de ne pas arriver en retard. Et, d'une façon générale aux repas, ne vous précipitez pas sur le buffet : il y a toujours assez à manger pour tout le monde. Egalement pendant l'heure des repas, ne faites pas systématiquement bande à part, ne fuyez pas les contacts avec les autres vacanciers ni leur conversation.

Si vous n'avez pas envie de participer à tous les jeux et distractions proposés, faites-le quand même de temps en temps, ne serait-ce que par politesse.

Si vous avez déjà de nombreuses expériences de ce type de vacances derrière vous, ce n'est pas une raison pour critiquer tout sans arrêt et faire la comparaison avec les vacances précédentes. Si vous n'aimez pas ou plus cela, n'en dégoûtez pas les autres et partez tranquillement seul à l'hôtel !

Si vous êtes fervent amateur du bronzage intégral,

152 / *Le savoir-vivre au quotidien*

n'abandonnez votre maillot de bain que si le principe est communément admis et pratiqué par la majorité des membres du club de vacances. Il n'est pas question de vous singulariser à ce propos surtout si, en plus, vous êtes dans un pays où cela pourrait choquer les habitants.

Sur la plage, ne collez pas votre serviette à celle des autres, même si, parfois, la place est limitée. Ne faites pas hurler votre radio, adoptez plutôt le walkman (mais enlevez les écouteurs si on vous adresse la parole...). Ne jouez pas au badminton ou au ballon au milieu des gens tranquillement allongés en train de bronzer et gardez votre chien près de vous. Enfin, ne laissez pas votre parcelle de sable, en partant, pleine de mégots, papiers divers, bouteilles, journaux ou flacons de produits solaires.

Les vacances en location

Si, pour vos vacances, vous décidez de louer une maison, une villa, un appartement ou un chalet, ce sera des vacances «comme à la maison», mais n'oubliez pas que vous ne serez pas chez vous. Il y a donc quelques règles de savoir-vivre à appliquer.

Une fois dans les lieux, ne changez pas tous les meubles de place et ne décrochez pas du mur les tableaux qui ne vous plaisent pas. Si vous étiez dans un hôtel, vous ne le feriez pas. Et puis, rangez soigneusement tous les bibelots et objets fragiles auxquels il pourrait arriver malheur pendant les vacances. Vous remettrez bien sûr tout en place avant de partir. S'il vous arrive de casser quelque chose parmi la vaisselle mise à votre disposition, achetez immédiatement une pièce équivalente, en essayant au maximum de respecter le style de ce qui a été cassé.

Faites particulièrement attention à la literie, tout doit être impeccable en repartant. N'oubliez pas de faire un grand ménage le jour du départ.

Si vous partez avec des amis et que vous êtes donc plusieurs à vous partager une location, instaurez un petit règlement interne pour que ce ne soit pas toujours les mêmes qui fassent tout. Nommez un «trésorier» qui gérera la bourse commune, car les histoires d'argent peuvent être à l'origine de brouilles regrettables qui risqueraient de vous gâcher vos vacances.

A l'hôtel

Ce n'est pas parce que vous avez les moyens de vous offrir l'hôtel, même un palace, qu'il faut vous croire en pays conquis. Il arrive que certaines personnalités un peu trop tapageuses ou vandales, même ployant sous les dollars, se fassent mettre à la porte. Bonne éducation, discrétion et pourboires faciles sont les trois secrets d'un séjour réussi à l'hôtel.

Comme dans une location, ne changez pas tout de place dès que vous aurez pris possession de votre chambre, rangez simplement vos affaires dans les armoires.

Les **heures de repas** sont généralement affichées derrière la porte de votre chambre. Respectez-les, ou allez prendre vos repas ailleurs, à vos frais si vous êtes en pension complète.

Le matin, avant de quitter la chambre, on ne vous demande pas de faire le lit ni de nettoyer la salle de bains, mais ne laissez pas derrière vous un champ de bataille.

Le soir, informez-vous auprès de la réception des habitudes nocturnes de l'hôtel: imaginez que vous vous trouviez à la porte à trois heures du matin! Si vous avez la télévision dans votre chambre, n'en assourdissez pas vos voisins. Ils sont eux aussi en vacances, respectez le calme de l'hôtel. Pour lutter

En vacances et lors des loisirs / 155

contre le bruit, certains hôtels se regroupent en une sorte de chaîne, «les relais du silence» où là, on n'ose même plus éternuer ou se faire couler un bain!

Et en repartant, n'emportez dans vos bagages aucun petit «souvenir»: ni cendrier, ni peignoir, ni serviette, ni rien qui appartienne à l'hôtel...

Au restaurant

En vacances, on a, en principe, plus souvent l'occasion d'aller au restaurant que pendant le reste de l'année. Mais les règles de savoir-vivre qui se rapportent au restaurant sont, bien sûr, valables toute l'année !

Entrer dans un restaurant, comme descendre un escalier sont les deux seules occasions où un homme bien élevé doit précéder une femme. Il doit ensuite l'aider à retirer son manteau (et à le remettre en partant). Une femme n'aide un homme dans ces circonstances que s'il est très âgé.

Pour ce qui est du **choix des places** et de la **bonne tenue** à table, reportez-vous aux chapitres concernés (pages 58, 63 et 67). Les règles sont les mêmes.

Dans un restaurant, c'est toujours l'homme qui doit s'adresser aux serveurs, aussi bien pour passer commande que pour réclamer quelque chose. C'est également lui qui choisit le vin, le goûte et fait signe au sommelier pour qu'il serve tout le monde.

Contrairement à ce qui se passe lorsque vous êtes invité chez des amis, vous n'êtes pas obligé de finir votre assiette si vous n'avez plus faim ou si vous n'appréciez pas le mets choisi. Si la viande n'est pas assez cuite à votre goût, vous pouvez la renvoyer à la cuisine pour qu'elle soit recuite, mais discrètement, ce n'est pas la peine d'en informer tout le restaurant. D'ailleurs, évitez de faire des remarques pour un oui ou pour un non, et surtout, ne faites pas de scandale.

Après le repas, si vous souhaitez fumer une cigarette ou le cigare, demandez à la ronde si la fumée ne gêne personne (parmi vos proches voisins, il ne s'agit pas de demander à tous les clients du restaurant!). En France, nous n'avons pas instauré les zones fumeurs et non-fumeurs dans les restaurants comme cela se fait couramment aux Etats-Unis!

Au moment de l'addition, n'en profitez pas pour disparaître aux toilettes ou vous impliquer plus que jamais dans une discussion en attendant que d'autres personnes autour de la table proposent de payer. Dès que vous voyez arriver la petite note, sortez votre argent, carnet de chèques ou carte bleue, et si rien n'était convenu d'avance, partagez l'addition. Ne vous lancez pas dans des comptes d'apothicaire pour savoir qui a pris un plat plus cher, qui a pris du café, etc. Partagez! Toutes ces questions ne se posent évidemment pas si tout était convenu d'avance et que vous étiez «officiellement» invité. Dans ce cas, attendez d'être sorti du restaurant pour remercier votre hôte.

Si c'est vous qui invitez, ne passez pas des heures à vérifier l'addition.

Si vous avez la chance de pouvoir vous faire rembourser vos notes de frais par votre entreprise, ayez la délicatesse de ne pas prendre une addition qui aura été partagée entre tout le monde, ou payée par un seul mais pas vous!

Les pourboires

Quand il s'agit de donner un pourboire à quelqu'un, on ne sait jamais combien il faut donner ni comment le donner. Cette coutume met souvent mal à l'aise. Pourtant, elle est laissée à l'appréciation de chacun. Mais justement, comment apprécier? On laisse, en principe, entre 10 et 15 % de la somme indiquée sur la petite note, dans un restaurant. Dans les autres cas, il y a des «tarifs» auxquels on peut se fier.

Dans un hôtel

Les différents services prodigués par le personnel des hôtels sont gratuits, ou plutôt compris dans le prix que vous aurez à payer en partant, mais un petit pourboire est toujours le bienvenu... et les services rendus plus «onctueux»! Au voiturier, on donne 10 F, au bagagiste 10 F également, au garçon d'étage qui vous monte vos consommations, 5 F, à la femme de chambre qui vous rend un service, 5 F (si vous restez une semaine dans un endroit, vous lui donnez un billet de 50 F en partant), et enfin, au portier qui vous appelle un taxi, vous donnez 10 F. Le concierge est un personnage important : c'est lui qui vous renseigne sur les bons restaurants du coin, vous réserve vos places pour les spectacles et vous est très précieux pour tout. Vous lui donnerez 50 F à la fin de votre séjour. Les tarifs indiqués ci-dessus sont, bien sûr, un minimum.

En vacances et lors des loisirs / 159

Chez le coiffeur

On donne en principe 5 F à la shampouineuse, entre 10 et 20 F à la personne qui vous coiffe (si c'est le patron du salon, rien du tout).

Autres cas

Mis à part ces deux cas où le pourboire est encore fermement ancré, il est beaucoup plus libre. Par exemple, **dans un bar**, le service est maintenant souvent compris dans le prix. **Au cinéma**, les ouvreuses qui sont payées par la salle ne perçoivent pas de pourboire : c'est généralement indiqué près des caisses. **Dans les stations-service**, les pourboires se raréfient puisqu'on se sert souvent soi-même ! Un petit billet glissé aux **déménageurs** qui ont été particulièrement efficaces et soigneux sera apprécié. Le **facteur**, qui apporte à domicile un colis ou un télégramme, méritera bien aussi une petite pièce (5 F). De même, si un **livreur** vous apporte des fleurs. Et puis, n'oubliez pas le **porteur de bagages** dans les gares, le **guide du musée** et toute personne qui vous aura rendu un service méritant une «attention» de votre part.

Quant aux traditionnelles **étrennes** du jour de l'an pour les facteurs, éboueurs, concierges et gens de maison, reportez-vous pages 28 et 88.

Quelle que soit la personne à qui vous donnez un pourboire, vous devez le faire de façon naturelle, de la main à la main pour les petites sommes, dans une enveloppe pour les autres.

Attention, ne faites pas d'impair ! Ne donnez jamais de pourboire à un châtelain qui fait visiter sa demeure

160 / *Le savoir-vivre au quotidien*

(bien souvent contraint et forcé pour diverses raisons!). N'en donnez pas non plus aux **hôtesses et stewards** dans les avions ni aux hôtesses qui vous renseignent dans un salon.

Quant au **chauffeur de taxi** qui vous empêche de fumer ou est désagréable, à vous de juger...

A l'étranger

Si vous partez en vacances à l'étranger, c'est parfois parce que la vie vous reviendra moins cher, mais c'est le plus souvent parce que vous aimez le dépaysement. Les Français ont la malheureuse réputation de se défouler à l'étranger et de se conduire comme ils n'oseraient pas le faire chez eux. Est-il trop tard pour inverser le processus ? Il n'est jamais trop tard pour bien faire...

Si vous vous montrez poli, courtois, prévenant, tout cela sans affectation, tout se passera bien. Personne ne vous en voudra si vous ne connaissez pas telle ou telle coutume propre au pays dans lequel vous séjournez, mais rien ne vous empêche de vous informer.

Ne manifestez pas tout haut, dans les lieux publics, vos impressions, surtout si elles sont négatives. Tout le monde n'est pas inculte, et si quelqu'un comprend ce que vous dites, ne vous étonnez pas de ses réactions xénophobes !

En Grande-Bretagne, lorsqu'on vous présente quelqu'un, l'homme ou la femme vous tendra la main en vous disant : «How do you do». Cette formule ne veut littéralement rien dire mais il suffira de la prononcer à votre tour et de répondre à la poignée de main que l'on vous tend. D'ailleurs, ce sera la dernière. Quand deux personnes se connaissent, elles ne se serrent pas la main.

En Allemagne, si vous offrez des fleurs à quelqu'un, n'oubliez pas d'enlever vous-même le papier qui enveloppe le bouquet. Ne pas le faire est un signe de très mauvaise éducation...

En Belgique, si vous entendez souvent la formule «Je voudrais aller à la cour», il ne s'agit pas d'aller constamment importuner le pauvre roi Baudouin, mais tout simplement d'aller aux toilettes! Quant à la formule «S'il vous plaît», ne vous y trompez pas, elle a de multiples significations. Elle veut aussi bien dire *Comment? Pardon? Plaît-il? Vous dites? Que dites-vous? Excusez-moi. Voici. Merci. Je vous en prie. Et... s'il vous plaît!*

En Espagne, un fumeur bien élevé propose toujours une cigarette à son voisin avant d'en prendre une lui-même. Faites donc de même, mais en la sortant complètement du paquet et en la tendant à la main, comme le font les Espagnols.

Aux Etats-Unis, ne vous formalisez pas si on vous demande combien vous gagnez au bout de trois minutes de discussion. C'est «monnaie courante» là-bas, et cela ne choque personne. Le tout est de le savoir! Ne vous étonnez pas non plus si on vous parle de Paris — France. Ce n'est pas une marque évidente de l'inculture des Américains, c'est simplement qu'il n'existe pas moins de quatorze villes aux Etats-Unis qui s'appellent Paris!

En Grèce, n'indiquez pas à quelqu'un le chiffre cinq en tendant la paume de la main vers lui, les doigts écartés, vous seriez en train de lui lancer un mauvais sort et le feriez se décomposer de terreur! Et si, par malheur, quelqu'un vous adressait ce geste

En vacances et lors des loisirs / 163

maléfique, n'oubliez pas de conjurer le sort en fermant l'oeil gauche et en vous passant l'index sur la paupière!

Les Italiens sont également très soucieux des mauvais sorts que l'on pourrait éventuellement leur jeter et ils passent leur temps à les conjurer. Pour ce faire, soit ils pointent discrètement l'index et l'auriculaire vers le jeteur de sort, le reste de la main étant fermé, soit ils effleurent du doigt leur braguette. Ces gestes sont à connaître, mais pas obligatoirement à imiter!

En Suisse, on vous proposera sûrement de «Faire schmolitz», il s'agit d'une coutume très fréquente qui consiste à boire un verre «cul sec» avec quelqu'un en corsant l'opération par un entrecroisage de bras. Mais après, vous pourrez vous tutoyer et serez amis!

Voici un très bref aperçu de quelques coutumes pratiquées dans les pays les plus souvent visités. Il en existe, bien sûr, des milliers d'autres, mais encore une fois, on ne vous en voudra pas de ne pas les connaître, pourvu que vous fassiez preuve de gentillesse et appliquiez votre bonne éducation.

De même, en France, si vous êtes amené à côtoyer un étranger ou si on vous demande un renseignement, soyez aimable et coopératif. Peut-être notre réputation de grincheux finira-t-elle par s'estomper?

Les sports

Si vous pratiquez un sport, quel qu'il soit, vous savez très bien que vous devez vous plier à certaines règles très strictes du savoir-vivre sportif. Mais si vous en êtes à envisager la pratique d'un sport, il est indispensable de connaître ces règles avant d'avoir été gêné de ne pas les connaître... Voici les plus couramment pratiqués.

La natation

Si vous la pratiquez régulièrement, vous êtes un habitué des piscines, ne parlons pas des bains de mer, réservés à l'été. Donc, en piscine, pensez avant tout à votre hygiène, pour vous, bien sûr, mais surtout par respect des autres. Douchez-vous avant de vous plonger dans l'eau. Ne courez pas tout autour de la piscine. Respectez les efforts des nageurs qui font des longueurs en ne plongeant pas sur leur trajectoire, en ne sautant pas à pieds joints devant eux, ni en nageant en tout sens, ce qui coupe leur route et leur rythme. Dans les vestiaires, ne monopolisez ni la douche ni les miroirs.

Le tennis

Ne pénétrez jamais sur un court de tennis avec vos chaussures de ville. Ayez votre propre raquette, car les joueurs n'aiment pas prêter la leur. Au cours d'un match, n'interrompez pas sans cesse la partie pour dire que vous n'êtes pas d'accord sur les points joués. Un peu de fair-play, vous n'êtes pas à Roland Garros! Si vous assistez à un match officiel, modérez votre enthousiasme, vos déceptions et vos colères. Les tribunes devraient rester silencieuses...

Le jogging

Les habitués du jogging vous le diront, il ne s'agit pas de faire des «sprints» mais de trouver son rythme et de s'y maintenir. Ce n'est pas une raison pour ne pas s'arrêter aux feux rouges si vous courez en ville, ni pour bousculer les passants. Si vous pratiquez ce sport à plusieurs, ne bloquez pas la route de ceux qui viennent en face de vous ou qui voudraient vous dépasser.

Le ski

Si vous ne voulez pas vous attirer les foudres des autres skieurs, ne resquillez pas aux remonte-pentes. Sur les pistes, si vous ne vous sentez pas absolument sûr de vous, ne vous lancez pas, n'écoutant que votre témérité, sans savoir si vous saurez vous arrêter... Si vous êtes débutant, ne gâchez pas la vie de vos amis en vous faisant constamment attendre, prenez plutôt des cours avec un moniteur qui, lui, est payé pour vous attendre.

La voile

Si vous êtes sujet au mal de mer, oubliez immédiatement l'idée de vous initier à ce sport. En mer, ne gênez pas les avertis dans leurs manoeuvres, observez-les pour, plus tard, essayer à votre tour; et si vous voulez vraiment aider, proposez de préparer les repas! En croisière, faites attention à ne pas gaspiller l'eau et sachez à l'avance que vous allez vivre en étroit huis clos. Acceptez-en les règles en vous pliant aux décisions générales, ou alors, restez tranquillement chez vous!

Le golf

Ce sport a tendance à se démocratiser de plus en plus et de nombreux jeunes, aujourd'hui, s'y adonnent et se passionnent pour lui. Une règle d'or: ne pas parler pendant l'entraînement. Au cours d'une partie, n'allez pas ramasser votre balle dès que vous avez joué, attendez que vos partenaires aient également fini le coup. Avant de vous lancer dans un majestueux «swing», large et élégant, regardez bien autour de vous pour n'éborgner personne. Si vous accompagnez un joueur, ne foulez pas le précieux «green» de velours vert avec vos chaussures de ville. Si vous avez eu un geste tellement énergique qu'il a délogé un petit morceau de gazon, remettez-le délicatement en place. Ne faites pas attendre tout le monde, à quatre pattes dans les fourrés, à rechercher une balle perdue.

La pêche

Loisir ou véritable sport? Peu importe, en tout cas, il existe certaines règles à respecter. Oublions la pêche «au gros» qui est réservée aux initiés et aux personnes émérites. Le pêcheur à la ligne sait que le bruit fait fuir le poisson. Si vous passez par là ou que vous l'accompagnez, respectez ce silence.

Pour la pêche au lancer, si vous êtes débutant, essayez de ne pas envoyer systématiquement votre hameçon dans les arbres alentour. C'est déjà très énervant pour vous, mais pour la personne qui a la gentillesse de vous initier, c'est exaspérant!

CHAPITRE VIII

Savoir-vivre
en « haute société »

Les présentations

Ce chapitre est plutôt réservé aux personnes qui ont l'occasion de se trouver confrontées aux «grands de ce monde». C'est-à-dire, soyons honnête, un minimum de personnes. Mais il est toujours amusant de jouer les petites souris et de savoir comment les choses se passent. Et puis, on ne sait jamais! Les éboueurs viennent bien prendre leur petit déjeuner à l'Elysée et il arrive aux présidents de la République de visiter des familles exemplaires... Pourquoi pas vous?...

Toutes les consignes déjà données pages 14, 59 et 99 sont également valables en haute société. Les hommes font un petit signe de tête et présentent leurs hommages aux dames; celles-ci font un sourire et un petit salut; quant aux jeunes filles, elles font une petite révérence aux dames plus âgées.

Le baisemain

Comme nous l'avons vu page 60, le baisemain est à peu près tombé en désuétude dans la vie courante. Dans la tradition française, ce geste de politesse était obligatoire envers les dames de sang royal. On comprend donc pourquoi il a perdu ses lettres de noblesse! Cela dit, certains milieux le pratiquent encore. Si vous pensez vous trouver un jour dans une

Savoir-vivre en «haute société» / 171

situation où vous hésitez à le faire, suivez nos conseils «pratiques» page 60.

En Grande-Bretagne, le baisemain n'est jamais pratiqué, même vis-à-vis de la reine. Celle-ci tend la main,
les hommes la prennent et font un petit salut de la
tête strict et respectueux.

Le salut

Le salut est un petit signe de la tête accompagné d'un sourire et, éventuellement, d'une poignée de main. Il se pratique à longueur de journée, mais si l'on veut le faire dans les règles de l'art, il y a certaines subtilités à respecter. Notamment selon que l'on soit un homme ou une femme.

Un homme

C'est toujours lui qui doit saluer la femme en premier, mais il ne doit pas lui tendre la main, ni à un homme plus âgé ou plus «considérable» que lui. Il salue également le premier toute personnalité civile ou religieuse, ses supérieurs hiérarchiques et, si l'occasion se présente, un chef d'Etat, un souverain ou une personne de sang royal.

Il doit répondre au salut de ses égaux en âge ou en position hiérarchique et leur tend la main le premier. Il répond aussi au salut des employés et des personnes de son service. Il salue hommes et femmes qu'il rencontre dans l'escalier, l'ascenseur, et s'efface devant les femmes et les hommes plus âgés ou plus importants que lui.

Savoir-vivre en «haute société» / 173

Une femme

Elle doit saluer une femme plus âgée ou plus importante qu'elle, mais doit attendre qu'on lui tende la main. De même avec les hommes âgés ou très importants comme un chef d'Etat, un souverain ou une personne de sang royal, ainsi que tous les membres du clergé.

Elle doit répondre au salut de ses égales en âge ou en qualité, ainsi qu'à toutes les femmes plus jeunes ou moins importantes qu'elle, et elle leur tend la main la première. Si, par son attitude ou son regard, un homme s'estime autorisé à la saluer, elle doit répondre à son salut. Elle doit également répondre au salut de tout employé ou personne qui l'aurait saluée dans l'ascenseur, l'escalier ou dans un lieu public.

Voici donc les «conventions» officielles. A présent, à vous d'adapter ce petit geste simple et courtois aux différentes circonstances dans lesquelles vous vous trouvez.

Comment appeler qui ?

Il peut vous arriver d'avoir à appeler quelqu'un par
son grade ou par son titre. Dans ce cas, il vaut mieux
le faire de façon exacte ou pas du tout! Voici les différents milieux dans lesquels l'occasion peut se présenter.

Le gouvernement

On appelle le président de la République «Monsieur
le Président» ou «Excellence» et ceci même lorsqu'il
n'occupe plus ses fonctions. De même pour les minis-
tres: il suffit qu'ils aient occupé le poste une heure
dans leur vie (ou cinq minutes) pour qu'on les appelle
toute leur vie «Monsieur le Ministre»! C'est aussi
le cas pour les secrétaires d'Etat. On appelle les membres de l'Assemblée nationale «Monsieur le Député»
et les conseillers de la République «Monsieur le Sénateur». Quant aux préfet, sous-préfet, conseiller général ou maire, on les appelle «Monsieur» suivi de leur
fonction. Si vous avez un doute sur la fonction de
tel ou tel personnage, appelez-le tout simplement
«Monsieur». Cela vaut mieux que de commettre un
impair.

Savoir-vivre en «haute société» / 175

Les militaires

Quand un homme s'adresse à un militaire, il dit «Mon Général, mon Colonel, mon Commandant» etc. En revanche, les femmes doivent dire «Général, Colonel ou Commandant» etc. En parlant de la femme d'un militaire, on dit «Madame X» et non pas «Madame la Générale». Il n'y a que les femmes de maréchaux qui puissent bénéficier de la dignité de leur mari. On dit alors «La Maréchale X» (mais surtout jamais «Madame la Maréchale»).

Les hommes s'adressant à un officier de marine ne doivent pas faire précéder son titre de «Mon» (on ne dit pas «mon Amiral» etc.). Les femmes s'adressant à un militaire, quel que soit son grade ou son corps d'armée, auront tout intérêt à les appeler par «Monsieur» plutôt que de se tromper de fonction.

Les diplomates

Sont appelées diplomates toutes les personnes occupant de hautes fonctions dans les ambassades. Dans l'ordre hiérarchique, citons l'ambassadeur, le ministre-conseiller, le conseiller, puis les secrétaires et attachés. Seul «Monsieur l'Ambassadeur» a droit à son titre dans la conversation, les autres ne se disent pas. Si c'est une femme qui occupe ce poste, on dit «Madame l'Ambassadeur» (n'en déplaise aux féministes!). Quant à la femme de l'ambassadeur, on peut dire «l'Ambassadrice», mais jamais «Madame l'Ambassadrice».

La noblesse

Les titres nobiliaires ne se disent jamais, seuls les ducs ont encore droit à quelques égards et on les appellera «Monsieur le Duc». Les autres titres ne sont employés que par les maîtres d'hôtel dans les circonstances du genre: «Madame la Baronne est servie»... Si vous avez un titre et que vous y tenez, vous pouvez le faire figurer sur les enveloppes de vos lettres, cartes de visite ou dans les carnets mondains.

De même pour les particules, faites attention à les employer comme il se doit. Lorsque vous parlez de quelqu'un qui en possède une, dites «Flavigny», mais jamais «de Flavigny». Toutefois, vous pouvez dire «la famille de Flavigny». La particule ne peut s'utiliser qu'avec des noms à une seule syllabe (de Rais), commençant par une voyelle (d'Abricourt) ou si elle est au pluriel (des Bordes).

Les religieux

Les différentes façons d'appeler les membres du clergé, régulier ou séculier, ont déjà été mentionnées page 116. Veuillez donc vous y reporter...

Les réceptions officielles

On appelle réception officielle une réunion à laquelle vous êtes invité en raison des fonctions que vous occupez, soit dans le public, soit dans le privé.

Une **invitation officielle** vous sera alors adressée, sur une carte imprimée mentionnant votre titre officiel. On aura donc «l'honneur» de vous inviter... Cette carte est le plus souvent nominative, vous devez donc vous rendre seul(e) à la réception en laissant votre conjoint(e) à la maison s'il n'est pas mentionné dans l'invitation.

Aucune **tenue vestimentaire** mitigée ne peut être admise. Optez pour l'élégance stricte du classique sans aucune fantaisie. Si la réception a lieu le soir, vous pouvez porter un smoking si vous en avez un (et si «tenue de soirée» est précisé sur l'invitation).

Quant aux **décorations**, il est bien connu que les Français en raffolent, mais attention, elles ne se portent qu'en de rares occasions: en miniature ou en brochette sur un habit, par exemple, ou, bien sûr, sur les uniformes de gala des militaires. On peut porter rubans et rosettes à la boutonnière de sa veste mais jamais sur un pardessus. Les décorations militaires passent avant les civiles, mais c'est la Légion d'honneur qui a la priorité sur toutes les autres. L'ordre croissant des mérites est celui-ci: chevalier, officier, commandeur, grand officier et grand-croix.

178 / *Le savoir-vivre au quotidien*

Si, parmi vos amis ou relations, vous connaissez quelqu'un qui vient de se faire décorer, l'usage veut que vous l'en félicitiez. Enfin, ne mettez pas vos décorations en vitrine...

Les cérémonies officielles

Si vous devez participer à une cérémonie officielle (défilé, remise de médailles, fête nationale, etc.), vous devez arborer une **tenue vestimentaire** extrêmement classique, stricte et habillée (mais pas de tenue de soirée). Vous pouvez porter une **décoration** à la boutonnière, rosette ou ruban, mais une seule. Pour une cérémonie funèbre, vous mettrez un pardessus et un costume foncés et tous les accessoires noirs (cravate, chaussures, chaussettes, gants et, éventuellement, chapeau).

Les femmes doivent s'habiller de façon élégante mais plus stricte que pour les réunions mondaines. Pour une cérémonie funèbre, elles doivent s'habiller en noir.

Pour le soir, le type de tenue vestimentaire est généralement mentionné sur l'invitation.

Au cours des cérémonies officielles françaises, **l'hymne national** n'est joué qu'une fois, à l'arrivée de la plus haute personnalité nationale, le Président de la République. Tous les assistants doivent se découvrir (enlever leur chapeau). Lorsque deux hymnes nationaux doivent être joués, c'est l'hymne étranger qui est joué le premier.

La correspondance officielle

Tout le monde peut être amené, un jour ou l'autre, à devoir écrire une lettre à une administration centrale, un ministère, soit pour faire une réclamation, soit pour formuler une demande ou même solliciter un entretien. Il faut savoir que la langue administrative est particulièrement pauvre, le vocabulaire limité et précis, et qu'il n'y a aucune place, dans ce genre de courrier, aux digressions littéraires. Chaque mot a un sens bien défini, une fonction précise et chaque formule est interprétée de façon traditionnelle. Donc, ne cherchez pas à être original à tout prix, c'est inutile.

Si vous écrivez à une administration centrale, sans que votre lettre soit adressée à quelqu'un de bien particulier, vous devez vous adresser au ministre lui-même. Voici en quels termes vous devez le faire : «Monsieur le Ministre, (puis vous allez à la ligne) Je soussigné (vos nom et prénom), né à ..., le ..., résidant à ..., où j'exerce la profession de ..., ai l'honneur de solliciter de votre haute bienveillance...» Puis vous exposez le motif de votre lettre, aussi simplement et clairement que possible. Il est indispensable de précéder votre requête des renseignements vous concernant pour que l'on puisse vous répondre. Sachez que les enveloppes ne sont jamais conservées et qu'il est donc inutile de mettre votre adresse derrière, ou seulement là.

Savoir-vivre en «haute société» / 181

La formule de politesse, à la fin de la lettre, doit toujours être : «Veuillez agréer, Monsieur le Ministre, l'assurance de ma haute considération.» Puis, vous signez la lettre.

Si vous avez déjà été en relations avec l'administration en question et que votre lettre vienne en réponse à son dernier courrier, le début de votre lettre doit être un peu différent : «Par votre lettre N°..., du ..., sous le timbre de la direction de ..., vous avez bien voulu me faire savoir que...» Puis vous rappelez brièvement les faits et exposez ce que vous avez de nouveau à dire. Ces précisions en début de lettre permettront de retrouver facilement votre dossier, et mettront le destinataire d'une humeur a priori favorable.

Les manquements au protocole

Malgré toutes les précautions prises pour éviter les «malentendus» de haut niveau, malgré les personnes employées à plein temps pour cela, il est à peu près inévitable d'y échapper. Ces «erreurs», souvent mineures mais parfois graves, sont une violation du droit des gens, seule protection des missions diplomatiques, et sont toujours prises au sérieux par les personnes ou les pays qui en sont les victimes.

Les plus graves sont celles commises contre la personne même de l'ambassadeur: il ne doit être ni arrêté, ni attaqué dans la presse, et le lieu même de l'ambassade est sacré. Si une manifestation s'organise et que les participants agissent violemment (ou même profèrent simplement des propos «discourtois») devant une ambassade ou un consulat, la police se doit de réagir en protégeant les locaux et le personnel qui s'y trouve.

Le seul moyen d'étouffer une affaire de ce genre doit venir des hautes instances de l'Etat: excuses officielles et, éventuellement, réparations des dommages et dégâts. Si le drapeau du pays attaqué a été insulté au cours des bagarres, les excuses devront être faites avec encore plus d'insistance.

CONCLUSION

Près de deux cents pages de bienséance à apprendre, digérer et appliquer, de leçons de bonne conduite et de courtoisie à emmagasiner pour mieux les mettre en pratique... C'est inhumain! A vouloir tellement bien nous tenir et savoir vivre, n'allons-nous pas être conditionnés par tous ces beaux principes? N'allons-nous pas finir par être bloqués et perdre tout notre naturel et notre spontanéité? Bien sûr que non. Nous n'en sommes plus aux préceptes éclairés, empreints de rigueur et de dogmatisme, de la baronne de Staffe. En son temps, elle a « dressé » des générations de jeunes gens et jeunes filles à travers ses célèbres manuels de savoir-vivre, dont nulle personne se piquant de distinction n'aurait pu autrefois se passer!

Vous avez remarqué, au fil des pages de ce guide, que le savoir-vivre s'apprend, en tout cas pour les règles les plus strictes, mais surtout s'improvise, selon les situations. Vivre parmi les autres nous est tellement familier et naturel que nous nous comportons spontanément de façon à ne pas gêner autrui. Avec un peu de jugement, nous percevons très vite le genre de situation dans laquelle on se trouve, l'ambiance, et le style de personnes que l'on côtoie. Ainsi, les trois maîtres mots du savoir-vivre sont observer, écouter et comprendre. Tout le reste en découle et vient ensuite (presque) tout seul, car il fait appel à votre bon sens. Et puis, en plus de l'intelligence des situations, habituez-vous à pratiquer l'intelligence du cœur : la gentillesse, la courtoisie, l'amabilité, la tolérance, le respect de vous-même et celui des autres. Autant de secrets essentiels pour que le savoir-vivre ne soit pas une contrainte pesante, mais une porte ouverte sur la vie...

INDEX

A
Académicien 58
Accueil 59
Addition 157
Administration 114, 130, 180
Adolescent 50
Aéroport 120
Affront 104
Agressivité 112
Alcool 61, 73, 78, 80, 82
Alliance 25
Ambassade 175, 182
Ambassadeur 175, 182
Amiral 175
Amuse-gueule 78
Anglicisme 76
Animaux 30, 109, 111, 121
Anniversaire 27, 80
ANPE (Agence nationale
   pour l'emploi) 114
Apéritif 61
Applaudissement 118
Archevêque 116
Arête 71
Argot 76
Artichaut 70
Ascenseur 29, 172
Asperge 67
Assiette 56, 64, 79
Astrologie 77
Au revoir 38, 99
Autobus 110, 121
Autocar 147

Automobiliste 112
Avion 121, 148
Avocat 60

B
Baby-sitter 47
Badminton 152
Bagage 146
Bagagiste 158
Bague (de fiançailles) 19
Bâiller 42, 129
Baisemain 60, 170
Ballon 152
Banane 69
Baptême 33
Baptême républicain 34
Bar 159
Barbecue 149
Barman 78
Bateau 148
Battue 144
Bijou 24, 128
Blague 75
Boire 61, 63, 65, 80
Bonbon 117
Bonjour 38, 99
Bonsoir 38, 99
Bougie 57
Bouquet 19, 57, 84, 143, 162
Bridge 82
Bruit 29, 30, 149, 154
Buffet 78, 80

C

Cadeau 21, 26, 28, 33, 80, 88, 142
Café 73
Camping 149
Canapé 79, 82
Cardinal 58
Carnet mondain 21, 23, 32, 101
Cartes (à jouer) 82
Cartes (de visite) 16, 84, 95
Cartes (de voeux) 96
Célibataire 55
Cérémonie funèbre 179
Cérémonie officielle 179
Cerise 70
Chaise 63
Champagne 61, 78
Chasse 144
Chasse à courre 145
Chat 121
Châtelain 160
Chef d'Etat 58, 172, 174
Chien 111, 121
Chrysanthème 84
Cigare 74, 157
Cinéma 117, 148, 159
Clergé 116
Clin d'oeil 15
Club de vacances 151
Cocktail (boisson) 61
Cocktail (réception) 78
Coiffeur 159
Collègue 131
Colonel 175
Commandant 175
Comte 60
Concert 118
Concierge 28, 89, 159
Concubinage 17
Condoléances 102
Consommé 72
Conversation 75, 120
Coquetterie 51, 128

Coquillages 67
Correspondance 90, 136
Correspondance officielle 180
Cortège 24, 25
Couple 58
Couchette 147
Couteau 38, 56, 64, 68
Couverts 56, 63
Couverts à poisson 56, 64
Croisière 148
Crustacés 67
Cuillère 63
Cuisinière 105
Cure-dent 66
Curriculum vitae 124

D

Danser 80
Décès 101
Déchausser (se) 148
Décolleté 115
Décoration 177, 179
Demande en mariage 18
Démarche 51, 108
Déménageur 159
Démission 138
Député 58, 174
Deuil 103
Diplomate 175
Disc-jockey 81
Discussion 75
Dispute 29, 131
Dragée 33
Drague 15
Duc 58, 176

E

Eboueur 89
Ecclésiastique 58, 60, 93, 116
Ecole 42

Index / 187

Ecriture 91, 124
Eglise 24, 115
Embouteillage 104, 112
Employé de maison 89, 105
Employeur 126
Encre 91
Enfant 37 à 52, 102
Enterrement 101
Enveloppe 94
Escalier 28, 156, 172
Escargot 68
Eternuer 41, 129
Etranger 16
Etrennes 28, 88
Evêque 116
Exactitude 42, 59, 127
Excentricité 50, 109, 127
Excuser (s') 108, 117

F
Facteur 88, 159
Fair-play 83, 165
Faire-part 20, 23, 31, 101
Fauve 122
Félicitations 25, 178
Femme de chambre 158
Femme de ménage 89, 105
Fête 28
Fiançailles 19
Fleurs 19, 57, 84, 102, 143, 162
Foie gras 68
Formule de politesse 92, 99, 136, 180
Fourchette 56, 63, 69
Fraise 69
Framboise 69
Froid 147
Fromage 68, 82
Fruit 69
Fruit de mer 67
Funérailles 101, 179
Fusil 144

G
Gaffe 76
Garçon d'étage 158
Gare 120, 146
Général 58, 175
Geste 77, 115
Gibier 71, 144
Golf 166
Grade 175
Grammaire 91, 133, 136
Gros mot 38, 76
Guide 119, 159

H
Hameçon 167
Handicapé 109, 113
Haut du pavé 108
Hoquet 66
Homard 68
Hôtel 154, 158
Hôtesse de l'air 160
Huître 68
Humour 15, 23, 32, 75
Hygiène 40, 50, 128, 164
Hymne national 179

I
Incruster (s') 74
Injustice 39
Invitation 44, 54
Ivresse 80

J
Jardin public 109
Jeu 82
Jeune fille au pair 105
Jogging 165

188 / *Index*

K
Klaxon 112, 113

L
Landau 108, 113
Langage 38, 76, 133
Langage des fleurs 85
Langouste 68
Langoustine 68
Lapin 71
Lapsus 76
Layette 31
Légion d'honneur 177
Légume 70
Liqueur 73
Livreur 159
Location 153
Lunch 78
Lycée 42

M
Machine à écrire 92, 136
Maillot de bain 109, 151
Maire 174
Mairie 31, 114
Maison (individuelle) 30
Mal de mer 148
Mandarine 69
Maquillage 51
Maréchal 58, 175
Mariage 22
Marraine 33, 44
Mauvais sort 162
Melon 69
Ménage 28, 153
Messe 24, 115
Métro 110, 121
Mettre (la table) 54
Militaire 58, 175
Ministre 58, 174, 180
Monter (en voiture) 113
Moucher (se) 41, 129

Mouchoir 129, 146
Musée 119
Musique 29, 149
Mythomane 76

N
Naissance 31
Nappe 56
Natation 164
Naturisme 151
Nausée 66, 147, 148
Noblesse 176
Notaire 60
Note de frais 157
Nudisme 151

O
Obéissance 38
Obsèques 101
Oeillet 84
Oeuf 64, 70
Opéra 118
Orange 69
Orthographe 91, 136
Os 70
Oursin 68
Ouvreuse 159

P
Pain 57, 64, 71
Panier-repas 147
Pape 116
Papier à lettre 90
Paquet-cadeau 88
Parapluie 109
Pardon 100, 108
Parfum 51
Parler 65
Parrain 33, 34
Particule 176
Pasteur 116

Index / 189

Patron 126, 130
Pâtisserie 71
Pêche 69
Pêche à la ligne 167
Pêche au lancer 167
Pendaison de crémaillère 28
Perroquet 122
Personne âgée 29, 59, 109, 110, 113
Petit four 78
Piéton 108, 112
Pince à sucre 73
Piscine 164
Plage 152
Pluie 109
Poignée de main 60, 127
Poire 69
Poisson 56, 71
Pomme 69
Pomme de terre 70
Pompiste 159
Ponctualité 42, 59, 117, 127
Ponctuation 136
Porte-couteau 56
Porter le deuil 103
Porteur 159
Portier 158
Portière de voiture 113
Poste 114
Post-scriptum 94
Potage 64, 72
Poubelle 29, 149
Poulet 71
Pourboire 28, 119, 158
Préavis 138
Précéder 156
Première rencontre 14
Prénom 31
Préséance 58
Présentations 14, 59, 79, 99, 170
Président de la République 58, 170, 179
Prince 58, 170

Profession de foi 44
Propreté 40, 50
Protocole 10, 182
Proverbe 75
Punch 78
Python 122

Q
Querelle 104

R
Rabbin 116
Radio 149, 152
Rafraîchissement 74, 78, 80, 82
Ragot 75, 131
Raquette 165
Réception 25
Réception officielle 177
Réclamation 114, 136, 180
Religieuse 116
Remariage 27
Remerciement 21, 26, 45, 84, 102, 143
Rendre (une invitation) 54, 84
Repas d'affaires 132
Répondeur téléphonique 98
Réprimander 38, 39, 114
Restaurant 156, 158
Révérence 170
Rince-doigts 67
Rire 129
Rose 84
Rue 108, 112

S
Salade 64
Salle d'attente 120
Salle de bains 29, 142

Salut 42, 60, 172
Sans-gêne 126
Sauce 64, 72
Scandale 104, 118, 156
Schmolitz 163
Sécurité sociale 114
Sénateur 174
Serveur 156
Serviette 57, 64, 79, 152
Shampouineuse 159
Short 109
Sifflement 15, 109
Signature 93
Singe 122
Ski 165
Smoking 177
Soirée 80
Soupe 72
Soupière 64
Souvenir 75
Spaghettis 72
Spectacle 48, 117
Sport 164
Station service 159
Steward 160
Style 91, 136
Stylo 91

T
Tabac 65, 81, 114, 115, 120, 157
Tache 65
Taxi 111, 160
Téléphone 97, 101
Télévision 49, 154
Tennis 165

Tenue vestimentaire 20, 102, 109, 115, 118, 127, 128, 177, 179
Théâtre 117
Tic 129
Timidité 126, 133
Titre 174
Toilettes 29, 142
Train 121, 146
Transport en commun 110
Trottoir 108, 112
Tutoiement 39

V
Vantard 76
Vernis à ongle 51, 128
Verre 57, 64
Vestiaire 79, 81
Veuve 23, 94, 95
Vin 65
Visite 31, 101
Voile 166
Voisin 29, 30, 149
Voiture 112
Voiturier 158
Vouvoiement 39
Voyage 146

W
Wagon-lit 147
Wagon-restaurant 147
Walkman 152
Week-end 105, 142
Whisky 61

IMPRIMÉ EN FRANCE PAR BRODARD ET TAUPIN
1371E-5 - Usine de La Flèche (Sarthe), le 16-05-1991.

pour le compte des
Nouvelles Editions Marabout
D.L. mai 1991/0099/187
ISBN 2-501-01072-8